10대에게 ★ 권하는
문자 이야기

10대에게 권하는 문자이야기

초판 1쇄 발행 2015년 12월 20일
초판 8쇄 발행 2023년 3월 1일

지은이 연세대학교 인문학연구원 HK문자연구사업단 **펴낸이** 김종길 **펴낸 곳** 글담출판사

기획편집 이은지·이경숙·김보라·김윤아
마케팅 성홍진 **디자인** 손소정 **홍보** 김민지 **관리** 김예솔

출판등록 1998년 12월 30일 제2013-000314호
주소 (04029) 서울시 마포구 월드컵로 8길 41
전화 (02) 998-7030 **팩스** (02) 998-7924
페이스북 www.facebook.com/geuldam4u **인스타그램** geuldam
블로그 http://blog.naver.com/geuldam4u

ISBN 979-11-86650-89-9 (43740)

글담출판에서는 참신한 발상, 따뜻한 시선을 가진 원고를 기다리고 있습니다.
원고는 글담출판 블로그와 이메일을 이용해 보내주세요. 여러분의 소중한 경험과 지식을 나누세요.
블로그 http://blog.naver.com/geuldam4u 이메일 to_geuldam@geuldam.com

문자의 기원과 가치를 집중 조명한 첫 청소년 책!

10대에게 ★ 권하는
문자 이야기

연세대학교 인문학연구원
HK문자연구사업단 지음

문자는 세상과 나를 이해하는
열쇠이다

글담출판

어느 남자가 죽었고, 그 육신은 땅이 되었다.
그의 친척도 모두들 먼지가 되어 사라졌다.
그가 기억에 남은 것은 문자 덕분이다.

– 약 4000년 전 고대 이집트의 어느 서기

문자로 바라보는 세상은
어떤 모습일까요?

여러분, 이 책을 읽기 전에 어떤 생각을 했나요? '문자 이야기라니, 무슨 문자를 말하는 걸까?' '글자를 얘기하는 걸까?'라고 생각하지는 않았나요? 예, 맞아요. 문자는 인류가 생각이나 말, 정보 등을 기록하고 전하기 위해 고안한 다양한 방식 가운데 하나입니다. 그중에서도 소리나 그림이 아니라 글자로 이루어진, '뜻을 담고 있는 기호 체계'를 의미하지요.

연세대학교 인문학연구원에는 문자의 사회적·문화적 영향력에 대해 연구하는 문자연구사업단이 있어요. 문자연구사업단은 문자의 역사와 가치를 청소년에게 알리기 위해 2012년 〈문자'로 만나는 세상〉이라는 강좌를 열었습니다. 2013년에는 〈세상을 바꾼 문자 이야기: 문자의 탄생〉으로 한 번 더 학생들을 만났고요. 여러분이 지금 읽고 있는 이 책은 그때의 강좌 내용을 더 많은 사람들에게 펼쳐 보이고자 다듬고 보완해 새롭게 엮은 것이랍니다.

연세대학교 인문학연구원은 앞서 《10대에게 권하는 인문학》이라는 책을 통해 청소년 여러분을 만났어요. '공부할 게 많은 청소년들이 과연 인문학에 관심을 가질까?'라는 의구심이 싹 사라질 정도로 많은 학생들이 인문학에 호응을 해주었지요. 그런 여러분에게 이번에는 문자를 권합니다. 청소년 시기에 중요한 '자아 찾기'와 '자아 발견'에 인문학이 힘이 되었던 것처럼, 문자 역시 여러분이 세상을 이해하고 지식을 쌓아 삶을 변화시키는 데 틀림없이 도움이 될 거예요. 문자는 인류의 과거, 현재를 움직여 왔을 뿐만 아니라 미래에까지도 영향을 끼치는 문화유산이기 때문입니다.

우리 삶의 중심엔 문자가 있어요

강좌에서 다룬 내용들은 다음과 같아요. "문자는 어떻게 시작되었고,

또 어떻게 발전해 왔을까?" "문자를 사용하기 전과 후의 차이는 무엇일까?" "문자가 가지고 있는 비밀은?" 실제로 많은 청소년들과 함께 이러한 질문들을 하나하나 짚어 가며 문자의 기원을 따라가는 여행을 했답니다. 문자를 안다는 것이 왜 인류의 역사를 탐구하는 여행이 되는지, 왜 새로운 세상을 여는 일인지에 대해 이야기를 나누는 시간이었지요.

　그러는 과정에서 청소년들이 정작 학교에서는 문자에 대해 배울 기회가 별로 없다는 것을 알게 되었어요. 우리가 공기나 물처럼 당연하게 접하고 사용하는 문자가 어떻게 발생했으며 그것이 사회적·문화적으로 어떤 의미를 갖는지 생각할 기회가 없다는 것은 매우 애석한 일입니다. 문자를 만든 건 인간이지만, 또 현재의 우리를 만든 건 문자이기 때문이에요. 특히 인간이 이미 일어난 일을 논리적으로 사고하고, 여기에 인과적인 질서를 부여할 수 있었던 것은 문자와 문자를 쓰고 읽을 수 있는 능력 덕분입니다. 이를 통해 학문이 발생하고 과학이 발전하고 문학과 예술이 풍성해지고 많은 정보의 전달과 저장이 가능해졌어요. 규모가 작았던 지역 사회도 지금의 커다란 국가로 성장할 수 있었지요.

　이처럼 문자를 만나고 나서 우리 삶은 여러모로 변화했습니다. 그리고 우리가 누리고 있는 많은 것의 밑바탕에는 여전히 문자의 힘이 발휘되고 있습니다. 물론 오랜 세월이 흐르는 동안 문자의 모습은 점토판 위의 새김에서 두루마리에 부드러운 먹물로 적은 글씨로, 하얀 종이에 검은 잉크로 인쇄한 활자로, 그리고 이제는 매끄러운 모니터 화면 속 컴퓨터 코드로 다양하게 바뀌고 있어요. 하지만 문자가 인류의 사회적 · 문화적 기초라는 사실만큼은 달라지지 않는답니다.

문자는 세상과 나를 이해하는 열쇠입니다

문자를 안다는 것과 잘 사용한다는 것은 어떤 의미일까요? 그것은 바로 '읽기'와 '쓰기'에 대해 잘 이해하고 있다는 의미입니다. 논술도 문자가 가진 근원적인 힘에서 출발하지요. 한번 생각해 보세요. '인류는 왜 문자가 필요했을까요?' '문자를 통해 어떻게 학문과 사회가 발달할 수 있었을까요?' 문자를 잘 사용한다는 것은 인류의 역사와 학문의 본질을 탐구하는 일과 연결되어 있습니다.

게다가 세계 곳곳의 문자는 저마다 고유한 문화를 품고 있어요. 그래서 어떤 문자에 관심을 가지게 되면 그 문자를 사용하는 민족의 문화까지도 이해할 수 있게 되지요. 문자에 그 문화권이 지닌 역사적 경험과 특성이 오롯이 담겨 있기 때문입니다. 바꾸어 말하면 세계 각국의 문화는 바로 그들이 사용하고 있는 문자를 통해 이루어졌다는 뜻입니다. 한 나라가 사용하는 문자를 이해한다는 것은 그 나라의 정신적이며 동시에 물적인 근본을 이해하는 첫걸음이기도 해요. 이 책을 통해 여러분이 그 걸음을 올바르게 내디딜 수 있도록 다섯 명의 선생님이 각각의 전문 분야를 살려 문자를 쉽게 설명했습니다.

여러분의 의미 있는 출발을 돕기 위해 이 책의 후반부에 세상을 이해하는 데 도움이 되는 문자를 소개했습니다. 바로 세계에서 가장 오래 사용되고 있는 한자와 서구 문명 발전의 원동력이 된 알파벳, 그리고 우리의 자랑스러운 한글이지요. 자, 그럼 문자가 열어 주는 세상을 함께 만나 볼까요?

2015년 12월
유현주

차례 ▌C o n t e n t s

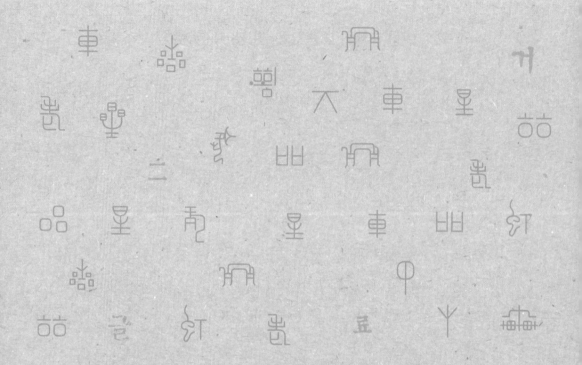

» 유현주 선생님

2011년에 연세대학교 독어독문학과에 교수로 임용되어 지금까지 학생들을 가르치고 있습니다. 같은 해부터 문자연구사업단에 참여했고, 특히 2014년부터 2015년까지는 인문학연구원 부원장으로 일하면서 청소년을 위한 인문학 강좌에서 학생들을 만나 왔어요. 문자는 인류가 이룩한 가장 빛나는 지적 유산이에요. 그런 문자를 만난다면 여러분이 자신의 생각을 논리적으로 펼쳐 나가는 데 도움이 될 거예요.

문명의 꽃,
문자로 만나는 세상

하루라도 문자 없이
살아갈 수 있을까요?

우리 곁엔 언제나 문자가 있어요

우리가 살고 있는 첨단 정보 기술로 무장한 도심을 한번 바라보세요. 간판과 네온사인, 자동차와 버스의 옆면, 플래카드와 컴퓨터 모니터, 스마트폰 액정 화면까지, 도시는 온통 문자로 뒤덮여 있습니다. 그뿐인 가요? 우리가 접하는 아날로그와 디지털로 된 정보는 어떠한 형태로든 문자를 포함하고 있습니다. 여러분이 매일 보는 인터넷 페이지를 생각해 보세요. 정보를 얻으려면 우리는 검색창에 글자들을 입력합니다. 흥밋거리로 누르는 실시간 검색어 또한 문자이고요.

현대인들이 손에서 놓지 않는 스마트폰에도 문자가 가득해요. 친구들과 메시지를 주고받는 카카오톡, 전 세계인의 근황을 확인할 수 있는 트위터, 페이스북, 인터넷에 날마다 올라오는 웹툰, 갖가지 애플리케이션 등도 모두 문자를 포함하고 있습니다.

이처럼 문자는 종이에 인쇄되었던 이전과는 조금 다른 모양새이긴 하지만, 여전히 막대한 정보의 저장 및 유통 기능을 담당하고 있습니다. 오히려 '조금 다른 모양새'가 문자의 생명력을 키워 왔다고 생각합니다.

문자는 그 형태가 매우 다양해요

문자는 모양새가 계속 바뀌었습니다. 고대인들은 크고 작은 돌이나 점토판에 여러 가지 뾰족하고 날카로운 도구로 글자를 새겼어요. 세계 최초로 추정되는 문자 또한 메소포타미아 남부 우루크 대신전의 유적에서 출토된 점토판에 기록된 것이랍니다.

종이라는 획기적이면서도 보편적인 수단이 등장하기 전에는 정말 다양한 재료가 동원되었어요. 석회암, 도자기, 나무, 심지어 은에도 글자를 기록했어요. 시간이 지나면서 인류는 각 지역 내의 특산물들을 이용해 글자를 써 나갔어요. 이집트에서는 파피루스, 유럽에서는 양피지, 동양에서는 비단 등을 사용했습니다.

그 후 105년경 중국에서 발명된 종이가 중세에 서양으로 흘러들었고, 15세기에 인쇄기가 발명됨으로써 문자가 지금처럼 널리 퍼질 수 있었습니다. 따라서 종이에 글자를 인쇄한 것은 전체 역사를 통틀어 보면 그리 오래되지는 않은 거죠.

그러므로 오늘날 문자의 형태가 달라졌다고 해서 그 영향력까지 약해졌다고 볼 수는 없어요. 오히려 새로운 형태를 통해 한층 더 가까이 우리 곁으로 다가오고 있습니다.

★ 옛날엔 다양한 곳에 문자를 기록했어요

학자들은 약 5000년 전부터 문자가 사용된 것으로 추정하고 있어요. 그때부터 인류는 쓸 수 있는 곳이라면 어디든 문자를 기록했답니다. 세계 곳곳에서 그 흔적이 발견되고 있지요. 종이가 아니라 돌, 점토판 등에 쓰려면 힘들었을 것 같다고요? 물론 많은 힘과 고도의 기술이 필요했지만 그 덕분에 우리에게 고대 역사가 전해질 수 있었습니다. 오른쪽 유물들처럼요.

기원전 1298~1235년경
돌에 새긴 이집트 상형 문자

기원전 26세기경
점토판에 새긴 수메르인의 설형 문자

기원전 16세기경
파피루스에 기록한 이집트 상형 문자

기원전 8세기경
디필론 항아리에 기록한 그리스 문자

문자는 인류의 삶을
어떻게 바꿨을까요?

문자는 선사시대와 역사시대를 나누는 기준이에요

인류의 역사는 문자와 함께 성장했다고 해도 과언이 아니에요. 물론 문자가 있기 전에도 사람들은 누군가와 다양한 방법으로 정보를 교류하고 여느 때처럼 삶을 영위해 나갔겠지요. 모든 나라가 처음부터 고유의 문자를 가지고 있지는 않았어요. 세계의 언어를 대략 3000개라고 할 때 그중 문자를 가지고 있는 언어의 수는 10%에도 미치지 못한답니다.

인류가 문자를 사용하기 시작한 것은 인간의 긴 역사에 비하면 비교적 최근의 일이에요. 그렇지만 본격적으로 문자를 활용하기 시작하면서부터 우리 삶의 모습은 그 이전과 매우 달라졌지요.

우리가 역사를 이야기할 때, 문자로 기록되어 문헌으로 그 내용을 알 수 있는 시기를 '역사시대'라고 해요. 이와 달리 문헌 자료가 존재하지 않아 고고학적인 방법으로 유물 등을 해독해야 알아낼 수 있는 시대를 '선사시대'라고 하죠. 이처럼 문자는 시대를 구분하는 기준이 될 정도로 인류의 삶을 크게 바꿔 놓았답니다.

또한 선사시대가 역사시대보다 훨씬 길었음에도, 역사시대에 들어와서야 인류는 놀라운 변화와 발전을 보여요. 바로 문자 덕분이죠. 그렇다면 문자와 함께 선사시대에서 역사시대로 진입한 우리 삶은 구체적으로 어떻게 바뀌었을까요?

고대 문자들은 왜 문명의 발상지에서 발견되었을까요?

문자의 탄생은 인류 역사에서 가장 획기적인 사건 가운데 하나였어요. 우리가 입 밖으로 꺼내어 놓는 순간 흩어져 시간이 지나면 온전히 기억하기도 힘들었던 말소리들을 드디어 기록할 수 있게 되었으니까요. 문자가 형체 없는 말을 붙잡아 저장해 준 덕분에 누구나 언제 읽어도 똑같은 내용을 볼 수 있었습니다. 기록과 저장의 탁월한 수단이 우리에게 주어진 것이었죠. 비로소 수많은 인류의 지혜와 문화를 후세에까지 전달할 수 있게 되었습니다.

이러한 문자는 하루아침에 만들어진 것이 아니에요. 상당히 오랜 시간 인간의 생활과 밀접하게 관련되어 오늘날의 문자로 발전해 온 것입니다.

아주 옛날, 사람들은 곡식의 수확량이나 가축의 수를 세기 위해 돌을 사용했습니다. 필요한 수만큼 작은 돌들을 모아서 표시했지요. 그런데 기억해야 할 수가 점점 커지면서 필요한 돌들의 수도 점점 늘어났어요. 수량이 클수록 돌멩이만으로 기록하는 것은 굉장히 비효율적인 일이었습니다. 매번 엄청난 양의 돌을 구할 수는 없으니까요.

실제로 고대 문자들은 주로 농업이 발달했던 지역에서 발견돼요. 정착 생활을 하고 도시가 만들어지면서 수확한 작물, 키우는 가축의 수뿐만이 아니라 인구의 수, 법령 등 기억해야 할 것들이 점점 더 늘어났거든요. 실제로 여러분에게도 익숙한 4대 문명, 즉 메소포타미아, 이집트, 인더스, 중국 문명에는 모두 고유의 문자가 있었습니다. 지리적으로 큰 강을 끼고, 온난한 기후, 기름진 토지라는 장점을 활용하여 농업이 발달한 지역들이었죠. 여기에 사는 사람들은 풍부한 농작물을 바탕으로 도시를 세우면서 행정, 문화 등을 체계적으로 관리할 수단이 필요했어요. 바로 문자였지요. 메소포타미아에는 설형 문자, 이집트에는 사물의 모양을 본떠 만든 상형 문자, 중국엔 거북의 등딱지나 소뼈에 기록한 갑골 문자가 생겨났어요. 마지막으로 인도를 중심으로 한 인더스 문명에도 그림문자가 있었답니다.

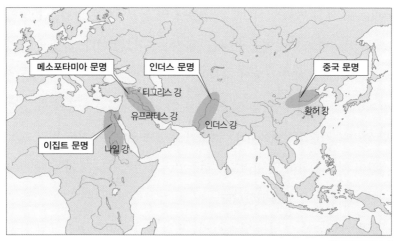

4대 문명의 발상지
세계 4대 문명 발생지는 공통적으로 기름진 토지와 풍부한 물로
사람들을 끌어모아 큰 나라를 탄생시켰어요.

문자는 이렇게 인류의 문명을 꽃피우는 데에 결정적인 역할을 했
어요.

문자는 역사 발전의 동력이기도 해요

문자를 사용하면서 사람들은 손으로 써서 남기면 말과는 다른 힘이
생긴다는 것을 깨달았어요.

첫 번째가 말이 가진 시간적 한계를 뛰어넘는다는 점이지요. 옛사람

들이 매일매일 바뀌는 사냥물의 종류나 양을 기억하는 방법은 무엇이었을까요? 바로 나무에다 눈금을 새기는 것이었답니다. 그렇게 하면 언제든지 그 표식만 보고서 자신이 언제, 무엇을, 얼마나 사냥했는지 알 수 있었습니다. 사냥을 성공적으로 한 날의 표시는 나중에 다시 보면 얼마나 자랑스러웠을까요? 친구가 나에게 양 세 마리를 빌려 가고 시간이 지나 정확히 몇 마리를 빌려주었는지 기억이 나지 않을 때도 이러한 표시는 매우 유용했답니다.

사람이 기억할 수 있는 일들은 제한적일 수밖에 없습니다. 옛날 사람들도 마찬가지였어요. 누군가가 하는 말에 아무리 집중하고, 반복해서 들어도 한계가 있지요. 그런데 바로 문자가 이를 해결해 주었습니다. 기억이 사라지고, 그 말을 한 사람을 영원히 만나지 못하더라도 글자는 계속 남을 수 있으니까요.

또한 문자는 가볍고 운반하기 쉬워요. 어느 공간으로도 쉽게 이동할 수 있지요. 고대에는 점토판, 파피루스, 양피지 등에 쓰여 옮겨졌고 지금은 무선 인터넷 덕분에 몇 초 내에 전 세계로 보내질 수 있어요. 물리적으로 멀리 떨어진 곳에 있는 사람에게도 내가 원하는 내용을 그대로 보낼 수 있지요. 문자가 공간을 이동해 나의 뜻을 그대로 전달해 주니까요.

그런데 하나의 문자가 그 문자를 모르는 새로운 지역으로 이동하면 어떤 일들이 일어났을까요? 아마도 그곳에서 이미 통용되고 있던 문자에 여러모로 영향을 주지 않았을까요? 문자 체계에도 변화가 일어날 수 있고요. 또한 그 문자가 쓰인 기록물들 간의 교환도 일어났겠죠. 그러면서 자연스레 서로 다른 지역에 살던 사람들의 문화, 사고 체계 등이 활발하게 교류될 수 있었습니다. 역사적 흐름을 바꿔 놓는 사건이 발생하기도 했어요. 후에 다른 선생님께서 설명해 주시겠지만 마틴 루터Martin Luther의 종교 개혁(16~17세기 유럽에서 가톨릭 교회의 쇄신을 요구하며 일어난 개혁 운동)이 성공할 수 있었던 이유 중 하나도 문자의 이동이랍니다.

이러한 문자의 특징들을 잘 활용한다면 국가를 통치하는 데에도 많은 도움이 됩니다. 특히 지배자가 넓디넓은 지역을 관리하기 위해선 문자가 꼭 필요했죠. 실제로 진시황제는 여러 민족으로 이루어진 중국을 최초로 통일하면서 동시에 문자의 통일을 추진했어요. 500여 년이라는 기나긴 춘추 전국 시대 동안 각 나라들에는 고유의 문자, 어휘, 발음 방식이 있었다고 해요. 그러니 중앙에서 반포한 법령이 나라 구석구석 퍼지려면 많은 시간이 걸렸을 거예요. 문자를 통일하고 나서야 효율적이고 신속하게 통치를 할 수 있었지요. 뿐만 아니라 공동의 문자를 사용하면서 문화도 통일되니 진정한 한 나라가 될 수 있었답니다.

문자는 오늘날의 사회를 만들어 온 주요 요인입니다. 그래서 문자를 역사를 움직이는 톱니바퀴라고 할 수 있어요. 이러한 문자의 기능 때문에 문자와 권력은 떼려야 뗄 수 없는 관계이기도 해요. 이를 악용하여 권력을 독점하고자 하는 사람들도 생길 정도였어요. 그러나 문자가 있었기에 오늘날 이렇게 방대하고 체계화된 지식을 얻을 수 있었을뿐더러 지금의 국가 체제가 성립될 수 있었죠. 그러니 앞으로도 사회적 차원에서 문자의 긍정적 활용 방안을 더 많이 고려해 볼 필요가 있습니다.

문자로부터 지식과 학문이 탄생했어요

문자는 학문의 형성과 발전에도 기여했어요. 문자를 사용하면서 인류는 살아온 흔적을 기록으로 남길 수 있게 되었지요. 한 나라의 크고 작은 일뿐만이 아니라 자신의 개인적 발견도 기록했어요. 이들이 하나하나 축적되어 학문이라는 거대한 산을 이루었지요.

문자로 기록한다는 것은 인간의 사고나 일어난 사건에 질서를 부여한다는 의미입니다. 이를 다르게 말하자면, 문자를 사용하는 인간은 말을 통해서만 의사소통을 하던 이전 시대 사람들과는 같은 일을 두고도 확실히 다르게 판단할 수 있게 되었다는 뜻이죠. 원인과 결과를 따지며 논리적으로 생각할 수 있게 되었으니까요. 즉 철학, 문학, 역사학 등은 문자를 바탕으로 발전한 인간의 고차원적인 지적 활동의 결과물입니다. 문자에서 지식이 탄생할 수 있었고, 다시 이것이 학문과 예술로 발전했던 것이죠.

예를 들면, 이집트에는 〈사자의 서〉라는 두루마리가 있습니다. 죽은

이집트 〈사자의 서〉
저승의 재판관 오시리스가 죽은 자들을 심판하는 내용이 그려져 있어요.

자들을 위한 사후 세계 안내서로, 당시 이집트인들의 삶과 죽음에 대한 세계관을 엿볼 수 있어요. 뿐만 아니에요. 여기에는 당시 이집트 사회의 신화, 사회 현상, 생활 모습 등도 자세히 기록되어 있습니다. 당대 이집트 문명 내 지식의 집대성인 것이지요. 이 밖에도 이집트는 예언, 의술, 약학, 요리, 천문 등 학문에 관한 다양한 책들을 남겼답니다. 그 책들은 모두 인류의 고대 지성을 이해하는 데 꼭 필요한 유산입니다. 그리고 모두 문자를 통해 만들어질 수 있었던 지식의 보고이지요.

문자는 예술의 도구로도 쓰여요

문자로 공부만 했을까요? 문자는 동시에 문화와 예술의 매체이기도 합니다.

**《길가메시 서사시》가 기록된
아카드어 점토판(기원전 12세기경)**
기원전 2000년경부터 유래한 서사시로
추정하고 있으며 다양한 판본이 존재해요.

　　문학이 바로 대표적인 예이지요. 문자를 기반으로 했다는 점에서 문학은 문자가 이루어 낸 가장 큰 성과 중의 하나랍니다. 옛날에는 각 지역을 돌아다니면서 시와 노래를 읊고 다녔던 사람들이 있었다고 해요. 음유 시인이라고 불렸던 사람들이죠. 그들이 불렀던 노래와 시를 문자로 기록하기 시작하면서 탄생한 문학 갈래를 서사시라고 합니다.

　　대표적인 예로 《길가메시 서사시》가 있어요. 세계에서 가장 오래된 서사시이죠. 고대 문자로 기록된 점토판으로, 그 내용이 오늘날까지 전해오고 있어요. 이 서사시는 반은 신이고 반은 인간인 길가메시_{Gilgamesh}의 영웅담이랍니다. 내용 중에는 대홍수 이야기도 등장하여 《성서》에 등장하는 노아의 대홍수 이야기와도 많이 비교되며 그 문학성 또한 높이 평가되고 있지요.

　　이후 다양한 장르로 발전하면서 문학과 문자는 떼어 놓고 생각할 수 없는 관계가 되었습니다. 문자를 통해 사람들은 자신의 심도 깊고 감성적인 사고를 문학이라는 가장 아름다운 방식으로 발현할 수 있게 되었어요.

　　문학에 있어서 문자는 그 내용을 실어 나르는 도구이지만, 다른 한편으로 문자 그 자체가 예술적 대상이 된 경우도 많아요. 동양의 서예나 서양의 타이포그래피typography가 그 예라고 할 수 있습니다. 문자를 재료로 사용한 시詩들도 등장했어요. 19세기 말에 프랑스의 시인 스테판 말라르메Stéphane Mallarmé는 〈주사위 던지기〉라는 시에서 책의 페이지 위에 마치 주사위를 굴린 것처럼 글자들을 펼쳐 놓았습니다. 그래서 시의 내용보다는 문자가 흩어져 있는 모양을 더 중요하게 살펴보아야 하죠. 마찬가지로 20세기 초 서양의 한 예술 운동이었던 다다이즘dadaism의 영향으로 내용보다는 문자의 모양이나 크기에 더 주의를 기울여야 하는 작품들이 만들어지기도 했어요.

지금도 문자를 재료로 삼은 다양한 예술 활동이 펼쳐지고 있습니다. 문자가 가진 시각적이고 유희적인 측면은 이 밖에도 우리 생활 곳곳에서 다양한 모습으로 확인할 수 있어요.

추사 김정희가 쓴 〈예서대련 호고연경〉(1856년)
학문과 예술에 대한 자신의 생각을
파격적이고도 강렬한 필획으로
분명하게 보여 주고 있어요.

문자로 미래를 읽을 수도 있어요

우리는 디지털 시대에 들어와 그 이전에는 본 적이 없었던 새로운 형태의 문자를 만나고 있습니다. 1980년대 후반에 등장하여 1990년대에 급속도로 확산된 디지털 매체들은 컴퓨터 코드computer code라는 문자에 기반하고 있어요. 컴퓨터 코드는 일종의 기계 언어로, 컴퓨터 프로그래밍의 기본이 되는 알파벳과 숫자로 이루어진 조합이지요.

이렇게 컴퓨터 문화처럼 오늘날 우리 주변에는 새로운 문자들이 등장하고 있어요. 덕분에 우리는 날마다 엄청난 양의 정보를 접하고 있죠. 때문에 이전에는 없었던 새로운 정보 공간인 인터넷이 처음 등장했던 1990년대에는 디지털 세상을 '방대한 도서관' 또는 '끝나지 않는 책' 등으로 표현하기도 했답니다. 또 네트워크에 접속하는 많은 청소년들이 이메일, 채팅, 이모티콘 등 주로 문자를 사용해 소통한다는 사실에 문자의 부흥을 기대하기도 했습니다.

이처럼 변화하는 문자를 통해 우리는 인류의 미래를 엿볼 수도 있어요. 문자로 인해 역사가 끊임없이 변화해 왔던 것처럼 인류의 미래도 문자에 의해 바뀔 가능성이 높기 때문입니다. 문자를 바라보는 시각도 바뀌었어요. 과거에는 입 밖에 내자마자 사라지는 말을 붙잡기 위한 것으로만 문자를 생각했다면, 이제는 그 생각에서 벗어나 더 넓은 시각으로 문자를 바라보게 되었죠. 단순히 말의 기록을 위한 글자만이 아니라

컴퓨터 코드
일종의 기계 언어인 컴퓨터 코드는 새로운 형태의 문자라고 할 수 있어요.

악보나 기보 같은 의미 있는 기호 체계라면 모두 문자라고 보는 시각도 등장했어요.

　또한 이렇게 문자의 기준과 성격이 바뀐다는 것은 단순히 문자 자체의 변화에 그치지 않아요. 우리 지식 체계와 개개인의 삶, 사회 전반의 흐름에까지 영향을 끼치죠. 지금과 비교했을 때 종이 위에 인쇄된 글자만을 볼 수 있었던 근대에는 문자가 교육, 도시 행정 등 공적인 일과 관련성이 높았어요. 그때는 사회의 지배층들이 주로 문자를 사용했지요. 하지만 지금은 어떤가요? 우리의 시대는 문자가 다른 매체들과 만나 다양한 상호 관계를 맺어 가고 있어요. 점점 문자가 실생활로 깊숙이 들어오고 있죠. 손 안의 모바일 기기로, 모니터 화면으로, 심지어 인간의 피부 위로 말이에요. 이렇게 우리는 늘 변화하는 새로운 형태의 문자와 마주하고 있답니다. 이런 세상에서 문자의 변화를 예측한다는 것은 우리의 삶, 더 나아가 미래 사회를 예측할 수 있는 가능성을 높이는 일이 되어 줍니다.

문자가 사라질 거라고 예측하는 이들도 있어요

여러분은 주로 어디서 정보를 얻고 있나요? 책? 인터넷? 동영상 강의? 기술의 발전은 세상을 바꿔 놓았습니다. 책을 읽는 사람들이 점점 줄어들고 있고, 사람들 사이에서 글자, 문자에 대한 필요성이 많이 약화되었죠. 옛날 사람들이 책 또는 인쇄된 글자를 통해서만 정보를 얻을 수 있었던 반면에 이제 우리는 수많은 경로를 통해 공부를 하고 궁금한 것을 찾아보고 있습니다.

특히 1980년대 후반과 1990년대 초반에 우리 생활 모습이 많이 바뀌기 시작했어요. 하루가 다르게 기기들이 발전하고 인터넷이 우리 삶의 곳곳을 거미줄처럼 촘촘히 연결해 주었지요. 그래서 이제 문자가 없어도 괜찮다고 생각한 학자들이 제법 있었답니다. 인터넷 때문에 책들과 함께 문자도 같이 사라질 것이라고요. 문자를 책과 떼어 놓고 생각할 수 없었기 때문이지요. 그렇다면 문자가 사라진 세상에서 무엇이 그 자리를 대신한다고 생각했을까요?

많은 학자들은 이제 사람들이 문자보다 이미지를 선호할 거라고 생각했습니다. 책과 신문보다는 텔레비전 영상, 인터넷 속 그림들을 본다면 정보를 쉽고 빠르게 이해할 수 있기 때문이지요. 따라서 '과거의 매체'가 되어 버린 문자는 책과 함께 차츰 쇠퇴해서 없어질 것이라고 생각했죠. 대중문화나 일상생활 영역만의 이야기가 아닙니다. 학자들조차 새로운 매체들을 통해 정보를 얻으려 하기 때문에 문자가 가장 활발히 이용되었던 학문에서마저 필요하지 않다고 생각한 것입니다.

이러한 예견들은 부분적으로는 옳다고 할 수 있어요. 많은 사람들이 이제는 이미지나 영상으로 정보를 얻으려 하고 있으니까요. "최초의 영화는 어떤 장면을 담고 있었을까?" "일제 강점기의 천재 시인 이상의 필체는?" "오스트레일리아의 태즈메이니아에만 산다는 웜뱃은 어떻게 생겼을까?" 이미지라면 이러한 질문에 군더더기 없이 한눈에 정확한 정보를 전달합니다. 그래서 교육이나 연구 분야에서도 이미지, 영상 등이 널리 쓰이고 있어요. 그러니 이미지를 통한 지식과 정보의 새로운 교류가 일어났다는 점에서 앞서 소개한 예언은 적중한 셈이지요.

그렇지만 다른 한편으로 이 예언은 틀리기도 했습니다. 그로부터 20~30년이 지난 지금도 문자는 사라지지 않았기 때문입니다. 오히려 생활 속 문자의 힘은 더욱 막강해졌습니다. 앞에서 살펴본 것처럼 문자는 다른 매체들과 결합하여 우리 생활 깊숙이 들어오고 있어요. 여전히 학문을 포함한 사회 각 영역에서 문자는 가장 중요한 지식과 정보의 전달 매체로써 기능하고 있지요. 이미지가 정보의 전달을 한층 풍요롭게 만들어 준 것은 분명하지만 문자를 대체할 수는 없었기 때문입니다.

청소년들이
문자를 알아야 하는 이유

문자는 인류 역사를 이해하는 열쇠입니다

현대에 들어와서 오히려 문자의 필요성이 더욱 커지고 있어요. 모든 인류 발전의 근간에는 문자가 자리하고 있지요. 아무리 새로운 형태의 정보가 등장하더라도 이들을 얻고 응용하기 위해선 문자가 필수랍니다. 이제 우리가 왜 문자를 알아야 하는지 분명해집니다. 처음엔 우리가 문자를 만들었지만, 우리를 지금 이 모습으로 존재하게 만들어 준 것은 문자이기 때문입니다.

이제 여러분을 문자의 오랜 역사를 살펴보는 여행에 초대하고자 합니다. 인류는 어떻게 문자를 발명하고 발달시켰을까요? 반대로 문자는 또 어떻게 인류의 문화 발전에 기여했을까요? 문자와 인류 간의 놀라운 이야기는 지식의 발달사를 포함해 인류의 전체 역사와도 일치합니다. 그래서 우리는 문자를 올바르게 이해하고, 문자에 더욱 친숙해져야 해요. 위에서도 살펴보았듯이 문자를 안다는 것은 우리의 과거와 현재를 돌아보고 미래의 모습까지도 예견할 수 있게 도와주는 열쇠가 되기 때문이지요.

문자 여행을 시작해 볼까요?

지금부터 문자의 탄생에 대하여, 그리고 우리가 미처 몰랐던 문자들에 대한 이야기를 하려고 합니다. 2장에서는 문자의 발생사를 다룹니다. 인류가 어떻게 문자를 사용하기 시작했을까요? 정보를 주고받는 과정이 처음에는 생각에서 그림으로, 그다음에는 그림에서 문자로 어떻게 발전하게 되었을까요? 3장부터는 여러 문자들 중에서 우리에게 친숙한 문자들을 자세히 살펴보고자 합니다.

첫 번째로는 전 세계에서 사용되고 있는 문자 중 가장 오랜 역사를 갖고 있는 한자를 같이 만나 봅니다. 한자는 중국어만을 위한 문자가 아니에요. 한글이 있기 전, 우리의 말을 기록해 주었던 의미 있는 글자이지요. 두 번째는 여러 서구 문자의 기본이 되는 알파벳입니다. 우리에게도 친근한 알파벳은 서양 역사의 흐름과 같이 변화해 왔답니다. 따라서 그 기원을 쫓아가는 여행은 재미있는 역사 여행이 될 거예요. 마지막으론 우리의 자랑스러운 글자 한글입니다. 한글에 대해서는 이미 알고 있다고 생각하겠지만, 아직도 우리가 잘 모르는 이야기가 무궁무진하지요.

자, 그럼 이제 문자의 세계가 들려주는 이야기를 풀어 볼까요? 문자의 기원과 그 가치를 살펴보는 일이 여러분에게 세상과 나를 돌아보는 계기가 되기를 바랍니다.

세계 문자 지도

현재 사용되고 있는 대부분의 문자들을 세계 지도 위에 표시했어요. 세상에는 이렇게 다양한 문자가 사용되고 있습니다.

동북아시아
1. 한글
2. 만주 문자
3. 몽골 문자
4. 한자
5. 티벳 문자
6. 가나, 한자
7. 이족 문자
8. 폴라드 문자
9. 여서 문자
10. 주음부호

유럽
11. 키릴 문자
12. 그리스 문자
13. 조지아 문자
14. 아르메니아 문자

서아시아, 아프리카
15. 히브리 문자
16. 티피나그 문자
17. 아랍 문자
18. 응코 문자
19. 바이 문자
20. 에티오피아 문자
21. 시리아 문자
22. 만다야 문자

인도
23. 데바나가리 문자
24. 올치키 문자
25. 싱할라 문자
26. 타나 문자
27. 구르무키 문자
28. 구자라트 문자
29. 칸나다 문자
30. 말라얄람 문자
31. 타밀 문자
32. 텔루구 문자
33. 오리야 문자
34. 벵골 문자

동남아시아

㉟ 버마 문자
㊱ 라오스 문자
㊲ 타이 문자
㊳ 크메르 문자
㊴ 바이바이인 문자
㊵ 하누노 문자
㊶ 바탁 문자
㊷ 론타라 문자
㊸ 순다 문자
㊹ 자바 문자
㊺ 발리 문자

북아메리카

㊻ 이누크티투트 문자
㊼ 크리 문자
㊽ 체로키 문자
㊾ 라틴 문자

중 · 남아메리카

㊿ 아파카 문자

○ 라틴 문자
○ 키릴 문자
● 한글
● 그 외 음소문자
○ 아랍 문자
● 그 외 자음문자
● 데바나가리 문자
○ 그 외 음소음절문자
● 음절문자
● 단어문자

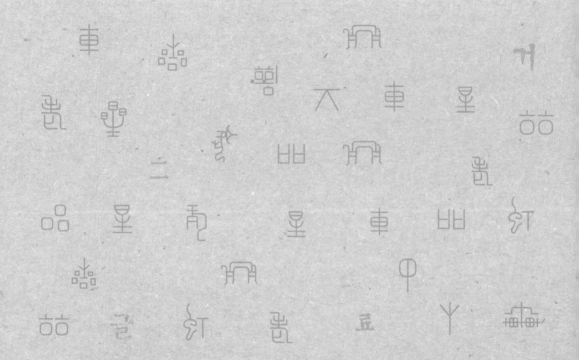

» 연규동 선생님

어린 시절부터 우리나라의 옛말에 관심이 많아 언어학을 공부했어요. 공부하면 할수록 언어가 가진 체계적인 성질에 감탄하고는 해요. 특히 언어가 어떻게 변화해 지금에 이르렀는지 연구하면서 문자라는 도구에 빠져 들었어요. 문자가 언어를 기록해 주었기 때문에 언어의 변화를 알 수 있기 때문이지요.

생각에서 문자로
−문자의 탄생과 발달

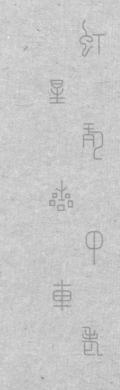

인류 최초의 문자는
그림이었어요

문자가 없었을 때는 어떻게 생각을 표현했을까요?

기록이 남아 있지 않은 시대에 살았던 사람들의 생활 모습을 지금의 우리는 어떻게 알 수 있을까요? 발견되는 유물이나 전해 내려오는 이야기 등을 통해서 일부 짐작할 수는 있답니다. 하지만 고대의 우리 선조들이 어떤 생각을 하고 어떻게 생활하였는지에 관한 구체적인 내용은 문자로 기록된 것을 통해서만 정확하게 알 수 있어요. 예부터 사람들이 문자를 이용해 자신들의 경험과 지식을 기록하여 우리에게 전했기 때문이에요.

그렇다면 문자가 없었을 때 즉 문자가 탄생하기 전에 사람들은 어떻게 자신들의 생각을 표현하고 다른 사람들과 의견을 교류했을까요? 여러분은 아기였을 때를 기억하나요? 여러분이 제일 먼저 말한 단어는 무엇이었을까요? 사람마다 조금씩 다르겠지만 아마 '맘마', '마마'와 같은 말이었을 거예요. 보통의 사람들이라면 언어를 배우는 과정에서 누구나 한마디 단어로 말을 시작했겠죠.

실제로 학자들은 인류가 최초로 한 말이 무엇이었는지 많은 연구를 했지만 정확한 답을 찾을 수 없었어요. 언제쯤 어떤 식으로 말을 시작했으며, 다른 동물들과 달리 인간만 말을 하게 된 까닭 정도를 추측만 할 수 있었죠.

하지만 쓰기는 달라요. 언어의 기원을 찾는 일보다 최초로 쓰인 문자를 추적하는 일이 조금은 쉽습니다. 말은 형태가 없지만 문자는 흔적이 남아 있으니까요.

여러분이 가장 먼저 '쓴' 단어는 무엇이었을까요? 크레파스, 색연필, 펜 등 손에 쥐여 주기만 하면 벽에든 종이에든 무엇인가를 그렸던 때를 기억해 보세요. 아마 처음에는 구체적으로 표현했다기보다 제 마음대로 끄적거렸을 거예요. 아마도 형체를 알 수 없는 그림이었겠죠. 어른들이 보기에는 아무 의미 없는 낙서 같았겠지만, 나름대로의 뜻이 있었던 것일 수도 있고요. 그러다 자라면서 여러분이 생각하거나 말하고 싶은 것들을 조금 더 정확하게 그리게 되었겠지요. 완전한 문장으로 의사를 전달하기 전까지 여러분에게 그림은 최적의 의사 표현 수단이었을 거예요.

바로 이러한 아기의 행동에서 문자의 기원을 알 수 있어요. 제대로 된 언어를 구사할 줄도, 어떤 글자도 쓸 줄 모르는 아기가 자신의 의사를 표현하기 위해 선택한 방법인 그림이 바로 최초의 문자랍니다.

그림은 문자의 어머니라고 할 수 있어요

기원전 1만 5000년경 수렵과 채집으로 살아가던 구석기인들이 남긴 것 중에 가장 놀라운 것은 동굴에 그린 벽화예요. 오른쪽 그림은 프랑스 남서부에 있는 라스코 동굴 벽화랍니다. 이와 같은 벽화는 현재 프랑스, 에스파냐, 심지어 우리나라에서도 발견되고 있어요. 우리는 이것들을 통해 문자가 없던 시절의 사람들이 천체, 자연, 신체, 동물, 식물, 도구 등 그릴 수 있는 것이라면 무엇이든 그리고 싶어 했다는 걸 추측할 수 있지요.

구석기인들은 왜 이런 그림을 남겼을까요? 어쩌면 자신들이 보았던 멋진 광경을 그림으로 표현하고 싶었을 수도 있어요. 인간에게는 자신의 느낌을 예술적으로 드러내고 싶은 욕구가 있거든요. 많은 학자들은 옛날 사람들이 잡고 싶은 사냥감을 그렸다고 생각했어요. 그러면 그 동물을 자신이 가지게 될 수 있다는 바람이 담긴 걸로요. 순수한 예술 작

라스코 동굴 벽화(기원전 1만 5000년경)
소 두 마리가 대치하는 모습이 역동적으로 표현되어 있어요.

품이라기보다는 주술적인 수단으로 본 것이죠.

목적이 어떻든 이러한 그림들이 누군가의 생각과 느낌을 보여 준다는 사실은 변함이 없어요. 또한 그림을 통해서 서로 생각을 주고받는다는 것은 지금의 문자가 가진 기능과 똑같지요. 그렇기에 최초의 문자는 그림으로 시작했다고 할 수 있답니다. 그림은 문자의 어머니인 셈이지요.

지금도 그림은 효과적인 문자예요

그림은 지금도 우리 생활 곳곳에서 문자로서의 역할을 담당하고 있습니다. 아래 왼쪽 그림은 우리 주변에서 흔히 볼 수 있는 표지판이에요. 비상시에는 이쪽 출입구를 통해 나가라는 뜻이지요. 여러분이 가지고 다니는 스마트폰 바탕화면의 아이콘 역시 그림문자예요. 이처럼 그림문자는 서로 다른 언어를 사용하는 사람이더라도 즉각적으로 내용을 파악할 수 있다는 장점이 있어요.

비상구 표지판

픽토그램

이처럼 일반 사람들도 쉽게 알아볼 수 있도록 상징적인 그림으로 나타낸 표식을 픽토그램이라고도 한답니다. 세계 여러 나라 사람이 모이는 곳에는 이 픽토그램을 사용해요. 다양한 국가의 사람들이 이용하는 공항은 물론이고, 올림픽이나 월드컵처럼 여러 나라가 참여하는 국제

행사에서도 사용하고 있죠. 만약 비상사태가 일어난다면 어떤 외국어를 하는 사람이더라도 픽토그램을 보고 바로바로 대응할 수 있겠지요. 현재 국제표준화기구ISO가 이들을 전 세계적으로 통일하는 작업을 하고 있습니다.

그림은 완전한 의사소통 수단이 될 수 없어요

하지만 이런 그림문자는 말을 정확하게 반영할 수 없답니다. 앞에서 보았던 비상구 표지판을 말로 옮겨 볼까요? "비상시에는 이쪽으로 탈출하십시오." "불이 나면 이쪽으로." "비상구는 이쪽이에요." 등등 아마 말하는 사람마다 그 문장의 의미가 조금씩 다를 수 있어요. 그래서 인간은 처음 그 문장을 쓴 사람이 표현하고자 했던 내용을 똑같이 전달할 수 있는 체계적인 문자가 필요했어요. 글을 쓴 사람이 표현한 내용을 어떤 사람도 언제든 똑같이 읽어 낼 수 있도록 일관성이 있으며 체계적인 문자말이에요.

동물 양을 그렸을 때 늘 양 자체만을 가리킨다면, 그 양 그림은 문자라고 할 수 있어요. 하지만 어떤 때는 양을 달라는 뜻으로, 어떤 때는 양을 주겠다는 뜻으로, 또 어떤 때에는 저쪽에 양이 있다는 의미로 쓰인다면 혼란이 일어날 거예요. 어떤 그림이 하나의 공동체 내에서 통일된 의미를 가지고 있지 않으면 많은 오해가 생길 수밖에 없어요. 온전한 의미의 문자가 되려면 누구나 똑같이 읽을 수 있는 말로 옮겨져야 해요.

문자는 크게 두 가지로 구분해요. 인간의 생각이나 개념을 나타내는 것이라면 어떤 형식을 가졌든지 모두 문자로 보는 것이에요. 이렇게 보면 앞서 보았던 구석기 시대의 동굴 벽화, 그림문자, 픽토그램 같은 것도 모두 문자에 포함돼요. 정확한 문장을 나타내지는 않지만 전반적인 뜻은 전달하므로 넓은 의미에서 문자라고 할 수 있어요.

좁은 의미의 문자는 인간의 말로 바뀔 수 있는 것만을 가리켜요. 우리가 지금 사용하고 있는 한글, 라틴 문자(알파벳), 한자, 가나 등이 이에 속하지요. 이런 문자들은 누가 읽어도 언제나 동일한 의미로 받아들일 수 있어요.

지금부터 이 좁은 의미에 해당하는 문자들을 살펴볼까 해요. 오늘날 우리가 쓰고 있는 문자들은 어떻게 생겨난 것인지, 왜 사람들은 그림문

◆ 문자의 특징

사회성: 문자는 정보 교환 및 소통을 위해 사회적으로 약속한 기호예요.
기록성: 문자는 언어가 가진 시간적 · 공간적 한계를 뛰어넘어요.
시각성: 문자는 언어를 특정 표면에 시각적인 형태로 옮겨 전달해 줘요.

자를 대신할 새로운 문자를 만들었는지 알아보아요. 문자의 발달 과정
을 살펴보는 일의 너머엔 인류의 역사가 있답니다.

글자 하나가
의미를 가지는 단어문자

대표적인 단어문자는 한자입니다

쓰는 사람과 읽는 사람의 정확한 의사소통을 위해 인류가 만든 맨 처음의 문자는 바로 단어문자예요. 단어문자는 각각의 문자가 하나의 뜻을 나타내지요. 단어 하나에 하나의 문자가 대응하기 때문에 단어문자라고 한답니다.

우리에게 널리 알려진 단어문자는 바로 한자예요. 한자와 한글을 한번 비교해 볼게요. 한글의 경우 ㄱ, ㄴ, ㄷ와 같이 따로 떼어 낸 글자 하나하나는 아무런 뜻을 가지지 않아요. ㅏ, ㅓ, ㅗ 등의 모음도 마찬가지이지요. 가, 나, 다 역시 어떤 뜻을 표현하기 위해선 다른 글자들이 모여야 하지요. 하지만 한자는 달라요. 다음 한자들은 각각 혼자서 '물', '마음', '물고기', '높다', '스스로'라는 뜻을 가져요. 즉 하나의 글자만으로도 하나의 단어로서, 완전한 의미를 나타낼 수 있어요.

水　心　魚　高　自

물 수　마음 심　물고기 어　높을 고　스스로 자

단어문자는 점점 간략해졌어요

초기 단계의 단어문자는 어떤 대상을 보이는 모습대로 직접 그려서 만들었어요. 이를 상형象形의 원리라고 한답니다. 하지만 사물을 구체적으로 묘사하는 원리로 매번 문자를 쓰기에는 많이 번거로울 수밖에 없었어요. 일일이 그리는 것은 시간도 많이 걸리고 정확하게 표현하기도 쉽지 않기 때문이죠.

그래서 처음에는 그림에 가까웠던 단어문자들의 모양이 시간이 갈수록 점점 추상화되고 단순화되어 사물과의 유사성이 많이 떨어졌어요.

문자가 그림에서 벗어나 간략화되면 그 모양은 원래 사물의 모습에서 차츰 멀어지게 돼요. 하지만 실제 모습과 비슷하지 않아도 문자로써 기능을 하는 데에 아무 문제가 없어요. 오히려 문자를 '그리는' 단계가 아니라 '쓰는' 단계로 발전했다고 볼 수 있지요.

대표적인 단어문자에는 한자 외에도 수메르 문자와 이집트 문자가 있어요. 현재 사용되고 있는 대부분의 문자가 한자, 수메르 문자, 이집트 문자에서 발달했기 때문에 이 세 문자를 눈여겨볼 필요가 있어요. 세계 문자의 조상 격인 이들의 변화 과정을 보면 문자의 전체 발달 단계를 대략적으로 알 수 있죠.

먼저 메소포타미아 문명 지역에서 사용되었던 수메르 문자를 살펴봅시다. 수메르 문자는 갈대로 만든 끝이 뾰족한 도구를 이용하여 점토판에 찍어 쓴 결과 마치 그 모양이 쐐기 모양이 되어 '쐐기 문자', '설형 문자楔形 文字'라고도 불려요. 수메르 문자는 신전에 바치는 공물이나 농부들이 서로 물물 교환한 물건들의 양이나 수를 세고 기록하기 위한 기호로 사용되었답니다.

오른쪽 표는 수메르 문자가 기원전 3100년경에 나타난 이후로 어떻게 변화했는지를 보여 주고 있어요. 왼쪽에서 오른쪽으로 갈수록 그 모양이 추상화되고 있지요. 곡물, 소, 양 등의 사물은 그림으로 그리고 숫자는 짧은 선이나 원의 반복으로 표시했죠. 그러다가 시간이 지나면서 많은 수의 공물들을 기록할 수 없어 점점 간략화된 것이 표처럼 나타난 거예요. 즉 처음에는 새를 보고 '그리는' 것에서 최종적으로는 새라고 '쓰게' 되는 것으로 문자의 모습을 점차 갖춰 나간 것입니다.

새	...	...	...	...
물고기				
원숭이				
황소				
태양				
곡물				
과수원				
쟁기				
부메랑				
발				

수메르 문자의 변화 과정

단어문자는 여러 방법으로 문자의 수를 늘렸어요

각각의 글자들이 사물의 모양을 본뜨고 간략하게 모습을 갖춰 가는 것만으로 문자가 만들어진 것은 아니에요. 때로는 상형으로 만들어진 글자 두 개 이상을 결합하여 새로운 문자를 만들어 내기도 했답니다. 다음을 보세요.

첫 번째 글자는 사람의 귀를 나타내는 글자와 손을 나타내는 글자를 합친 것으로, '가지다', '얻다'라는 뜻이에요. 두 번째 글자는 사람과 관이 모여 '장사를 지내다.'라는 뜻의 글자가 되었고요. 마지막 글자는 그

가질 취

장사 지낼 장

목욕할 욕

룻을 나타내는 글자 위에 물에 둘러싸인 사람을 나타내는 글자를 올려 '목욕하다'라는 뜻으로 만든 것이랍니다. 이처럼 둘 이상의 글자를 합쳐 새롭게 만든 한자로 明밝을 명, 信믿을 신, 美아름다울 미, 男사내 남, 好좋을 호, 休쉴 휴 등도 있어요.

수메르 문자와 이집트 문자에서도 이 같은 예를 쉽게 찾아볼 수 있어요. 다음 그림은 수메르 문자예요. 어떤 의미가 있는지 한번 생각해 보세요.

도움을 주자면, '𒉺'는 사람의 머리를 의미하고 '𒉷'는 음식이나 그릇, '𒈗'은 물을 의미해요. 그러니 위 글자는 사람이 음식을 먹는 모양이고, 아래 글자는 사람이 물을 마시는 모양이지요. 이제 답을 알겠나요? 맞아요. 각각 '먹다', '마시다'라는 의미예요.

이렇게 문자들을 결합하는 원리 외에도 사람들은 또 다른 방법을 이용해 새로운 문자를 찾아 갔습니다. 사실 상형의 원리로 나타낼 수 있는 것은 한정될 수밖에 없어요. 구체적인 사물은 그림으로 그려낼 수 있겠지만, 사랑, 마음, 나이, 춥다, 덥다, 좋아하다, 깨끗하다 등 추상적이고 관념적인 것을 나타내기는 어렵거든요.

'사랑'은 '♥'로 표현할 수 있다고요? 그러면 '심장'은 어떻게 그릴까요? 만약 내가 '춥다'를 표현하기 위해 사람이 떨고 있는 모습을 그렸는데 읽는 사람이 '무섭다'라고 받아들일 수도 있지 않을까요? 코끼리를

삼킨 보아를 그렸는데, 어른들이 모자로 오인했다는 《어린 왕자》 속 주인공 이야기는 한 번쯤 들어 보았겠지요? 여기서 우리는 '모자'로 읽은 사람들을 비난할 수만은 없어요. 문자적 관점으로 본다면 보이지도 않는 코끼리를 구체적으로 그리지 않은 것 또한 잘못이니까요.

그뿐만이 아니에요. '어제 왔다.' '내일 갈 것이다.'처럼 과거, 현재, 미래 등 시간을 의미하는 표현도 사물을 본뜨는 방법으로는 나타내기 어려워요. 꽃과 같은 구체적인 형상도 마찬가지예요.

예를 들어 '진달래꽃', '살구꽃', '복숭아꽃', '아카시아꽃' 등을 구분하여 상형하는 것은 쉬운 일이 아니에요. 그림을 잘 그리는 사람이 애써 세세하게 그렸더라도 그 문자를 읽는 이가 구별할 수 있다는 보장도 없지요.

그래서 사람들은 새로운 방법을 이용해 문자의 수를 늘렸어요. 바로 문자가 가진 의미를 이용한 것이지요. 다시 말하자면 나타내고자 하는 의미가 같거나 유사한 글자를 빌려 오는 거예요.

다음 표에서 우리는 '산'이라는 뜻을 가진 수메르 문자의 의미가 점점 많아지는 걸 볼 수 있어요. 처음에는 산을 상형했기 때문에 '산'이라는 뜻만 가졌지만 점차 '경계', '낯선 땅', '외국', '외국인', '노예'라는 의미까

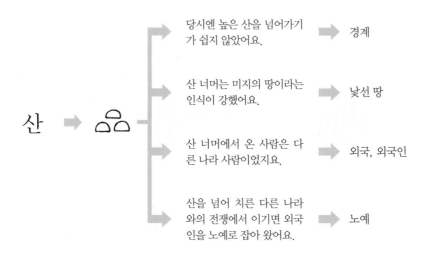

당시엔 높은 산을 넘어가기가 쉽지 않았어요. ➡ 경계

산 너머는 미지의 땅이라는 인식이 강했어요. ➡ 낯선 땅

산 너머에서 온 사람은 다른 나라 사람이었지요. ➡ 외국, 외국인

산을 넘어 치른 다른 나라와의 전쟁에서 이기면 외국인을 노예로 잡아 왔어요. ➡ 노예

지 생긴 것이에요.

'산'이라는 문자가 여러 의미를 가지게 된 것처럼 다른 문자들도 의미가 확장되어 갔어요.

다른 예를 들어 볼게요. 처음에 '샘', '우물'을 본떠 그린 수메르 문자 '◎'은 '낮은 곳', '구멍'이라는 의미를 가졌어요. 그런데 우물이란 땅 밑 깊은 곳에 있는 물을 얻기 위해 만든 것이잖아요? 그래서 '깊이', '수원지'라는 의미까지 번져 나갔지요.

이제 어미 소가 송아지를 바라보는 모양을 그린 이집트 문자 '🐂'가 왜 '염려하다', '걱정하다', '배려하다'라는 뜻으로 쓰이는지 알 것 같지 않나요? '노인'이라는 뜻을 가지고 있는 이집트 문자 '𓀀'이 '위대한', '주요한', '우두머리'라는 뜻을 아울러 가지는 것도 이해할 수 있을 거예요.

이렇게 문자의 의미가 번져 나가는 것은 언어의 '다의多義'와 비슷해요. 한 낱말이나 표현에 여러 가지 뜻이 있음을 '다의'라고 한답니다. 이를테면 '밝다'라는 단어는 본디 빛이 밝은 것을 가리켰는데, 점차 '색이 밝다.' '표정이 밝다.' '분위기가 밝다.' '눈이 밝다.' '사리가 밝다.'와 같이 여러 가지 의미로 사용되었죠.

단어문자에는 결정적인 단점이 있어요

인류는 그렇게 다양한 방법으로 단어문자를 만들어왔지만, 단어문자에는 큰 단점이 있어요. 한 단어에 하나의 뜻을 할당하다 보니 수많은 개념을 나타내기 위해 문자의 수를 늘려 갈 수밖에 없다는 점이에요. 그러다 보니 한 사람이 알아야 하는 문자의 수가 너무 많아진 것이죠.

현재 알려진 수메르 문자의 수는 1000개가 넘고 이집트 문자 역시 2500개가 넘어요. 오늘날 쓰이고 있는 한자 역시 중국에서 나온 큰 사전에 실린 개수만 9만 자 이상이라고 해요. 이 많은 문자를 알아야 긴 글을 적을 수 있다고 생각해 보세요. 과연 보통 사람들이 다 외울 수 있을까요? 물론 일상생활에서 널리 사용되는 문자의 수는 그보다 훨씬 적었을 거예요. 그렇다 할지라도 최소 몇 백 개의 글자를 외워야 한답니다. 우리나라에서도 중고등학교 과정에서 학생들에게 1800개의 한자를 권장하고 있어요. 중국에서 신문을 읽으려면 최소한 3500개의 한자를 알아야 하고요.

이처럼 문자를 쉽게 배울 수 없다는 점 때문에 옛날에는 오히려 문자를 성스럽게 생각했어요. 수메르 문명, 이집트 문명에선 문자를 신이 주는 선물이라고 여겼어요. 자연스레 문자를 쓰는 사람들은 막강한 권력을 가졌지요. 왕들 역시 자신의 업적을 과시하기 위해 문자를 새긴 비석을 만들라고 지시했어요. 문자의 신성한 권위를 빌려 자신을 돋보이게 하기 위해서였죠. 우리나라에서 아직까지 '나이', '밥'과 같은 고유어보다 '연세', '식사'와 같은 한자어를 더 점잖게 바라보는 현상도 이와 연결해서 생각해 볼 수 있어요. 조선 시대 사대부 계층이 가졌던 한자에 대한 공경심에서 비롯된 것이기 때문이죠.

★ 고대엔 문자를 기록하는 사람이 따로 있었어요

지금이야 누구나 쉽게 글을 읽고 쓸 수 있어서 문자를 알고 사용하는 것을 특별한 기술이라고 생각하지 않아요. 모두가 알아야 할 기본적이고 당연한 능력이라고 여기지요. 그러나 예전에는 글자를 아는 것이 고급 기술 중 하나였답니다.

이집트에는 필경사라는 직업이 있었어요. 문자를 기록하는 일을 하는 사람이었죠. 필경사가 되기 위해서는 보통 열 살쯤 학교에 입학해 따로 교육을 받아야 했습니다. 굉장히 강도 높은 교육이었다고 해요. 1000여 개가 넘는 문자를 읽고 쓰는 법은 물론, 문맥에 따라 달라지는 의미를 제대로 파악하는 연습을 꾸준히 해야 했죠. 학생들 모두에게 신성한 글자를 다룬다는 책임감을 가르쳐야 했기에 더욱 혹독한 교육 과정이었던 것일 수도 있어요.

그래도 당시에는 많은 이들이 선망하는

이집트 필경사 조각상(기원전 2500년경)
사제 출신의 필경사들은 가장 귀한 대접을 받았다고 해요.

직업이었다고 해요. 글을 읽고 쓸 줄 아는 것이 권위의 상징이었기 때문이에요. 국가를 통치하는 데 중요한 글이나, 신이나 왕을 기리는 신성한 글을 다루는 것이 주요 일이었기 때문에 자연스레 필경사들은 좋은 대우를 받았답니다. 특히 문자를 발명한 토트 신이 그들을 보호한다고 믿어 세금도 징수하지 않았어요. 왕보다도 강한 권력을 휘두를 때도 있었죠. 문자가 처음 생겨날 당시에는 왕조차도 읽기, 쓰기 등을 배우려 하지 않았거든요. 그렇게 당시 글을 다룰 줄 아는 의사, 상인, 특히 필경사들의 사회적 지위는 굉장히 높았답니다.

글자 하나가
소리를 나타내는 소리글자

문자를 소리와 연결해서 소통이 활발해졌어요

글자를 만들지 않고 새로운 개념을 표현하는 또 하나의 방법은 문자가 가진 소리를 이용하는 것이에요. 뜻과는 상관없이 소리만을 글자에 담아낸 것이지요. 이 방법은 아주 중요한 원리예요. 일상생활 속 예를 들어 볼게요.

왼쪽 사진에는 ☆ 그림이 있어요. 하지만 여기 쓰인 '☆'에는 '밤하늘에서 반짝이는 천체'라는 의미가 전혀 없어요. 그저 '별'이라는 소리를 대신하고 있을 뿐이지요. 이처럼 문자가 가진 소리를 이용한다는 것은 의미는 버리고 그저 소리만 빌려 오는 거예요. [별] 소리를 나타내기 위해 ☆ 그림을 이용한 것처럼요.

또 다른 예를 들자면, "고래고래 소리 지르다."라고 글을 쓸 때 '고래고래' 대신 고래 두 마리를 그리는 거예요. 이렇게 되면 고래 그림은 '바다에 사는 큰 동물'이라는 뜻이 아니라, [고래]라는 소리만을 나타내게 되지요.

한자에서도 萬일만 만은 본디 전갈을 나타내는 문자였어요. 그런데 당시 중국어에서 전갈이라는 단어와 숫자 '만'을 가리키는 단어가 발음이 같았어요. 마치 하늘에서 내리는 눈과 사람의 얼굴에 있는 눈의 발음이 동일한 것처럼 말이에요. 사실 '천'의 열 배인 '만'은 상형의 원리로 표현하기가 어려워요. 수가 너무 크기 때문이죠. 그래서 발음이 같은 전갈을 나타내는 글자를 이용해서 '만'이라는 숫자를 나타낸 것이랍니다.

물론 이런 경우 글을 읽는 사람에게 불편한 점이 생기긴 했어요. 소리가 똑같은 글자를 정확하게 이해하려면 문맥을 유의해서 살펴야 했거든요. 어떤 때에 전갈의 의미를 가지는지, 어떤 때에 숫자 '만'을 가리키는지 문자만 봐서는 알 수 없었기 때문이죠.

그래도 이처럼 음이 같은 글자의 소리를 빌리는 방법은 유용했어요. 새로운 글자를 만들지 않고도 다양한 의미를 표현할 수 있었으니까요. 이러한 방법을 적극적으로 활용하면서부터 문자로 하는 의사소통이 더욱 활발해졌답니다. 이로써 사람들은 문자에 관해 놀라운 사실을 알게 돼요. 지금까지는 문자가 그 의미만을 나타낸다고 생각해 왔는데, 소리까지 나타낼 수 있다는 사실을 깨달은 거예요.

★ 문자가 소리를 빌리는 것을 동음 기호 원리라고 해요

이렇게 문자가 소리를 빌리는 원리를 동음 기호 원리 또는 레부스Rebus 원리라고 해요. 이미 있는 문자를 이용해 그 문자와 음이 같거나 비슷한 단어를 대신하는 것이지요. 이는 글자가 뜻만이 아니라 소리까지 담을 수 있다는 걸 보여 주기 때문에 문자의 발달 과정에 있어서 굉장히 중요해요.

나중에 여러분이 읽을 시 중에 김광균 시인이 지은 〈와사등〉이라는 작품이 있어요. 와사등은 가스등이라는 뜻인데, 지금처럼 전기등을 사용하기 전에 많이들 사용했다고 해요. '와사'는 한자로 瓦斯라고 쓰지만, 瓦기와 와나 斯이 사의 뜻과 가스gas는 아무 상관이 없어요. 그저 비슷한 음을 가진 한자를 이용했을 뿐이지요. 즉 와사등은 동음 기호 원리를 이용해서 만든 단어예요.

어른들이 유럽, 그리스를 각각 '구라파歐羅巴', '희랍希臘'이라고 하거나, 중국에서 코카콜라를 '가구가락可口可樂(중국식 발음 커코우컬러)'이라고 하는 것 또한 기본적으로는 동음 기호 원리를 이용한 작명이에요.

중국에서 코카콜라를 부르는 이름 '가구가락'
'입안이 즐겁다.'라는 뜻으로, 코카콜라의
중국식 발음과 매우 유사해요.

점점 더 작은 소리 단위로 글자를 만들어 나갔어요

인류는 본격적으로 새로운 문자 체계를 만들기로 마음먹어요. 단어 문자를 어떤 식으로 바꾸어 활용하더라도 이미 알아야 하는 문자의 수가 너무 많았거든요. 그래서 소리를 직접 활용하기로 결심한 거예요. 소리를 담아내는 글자엔 아무 뜻이 없지만, 그들을 잘만 조합한다면 문자 체계가 간략해질 수 있기 때문이에요. 소리로 엿본 새로운 가능성 덕분에 지금의 소리글자로 향하는 길이 열렸지요.

가장 먼저 등장한 소리글자는 음절을 이용한 문자예요. 음절은 모음과 자음이 어울린 한 덩어리의 소리를 말하며, 보통은 단숨에 낼 수 있는 하나의 단위를 말해요. '언어'라고 소리를 내보세요. [어너]라고 발음하지 않나요? '언어'라는 단어는 모두 2음절로 구성되어 있어요. '어'라는 음절과 '너'라는 음절로 이루어진 것이지요.

이러한 한 음절이 한 글자로 되어 있어 그 이상 나눌 수 없는 문자를 음절문자라고 해요. 단어문자는 해당 언어에 있는 단어의 수만큼 문자가 필요했던 반면, 음절문자는 그 언어가 가진 음절의 수만큼만 문자가

◆ **말을 이루는 각각의 단위들**

말에도 단위가 있어요. "철수가 영희를 보았다."라는 문장으로 한번 살펴볼게요.

단어: 문장을 분리하여 자립적으로 쓸 수 있는 말이나 이에 준하는 말을 단어라고 해요. 위의 문장에서 [철수, 영희, 보았다]가 자립적으로 쓸 수 있는 말이지요. 또한 그 말의 뒤에 붙어서 문법적 기능을 하는 조사 [가, 를]도 단어라고 한답니다.

음절: 하나의 종합된 음의 느낌을 주는 말소리의 단위를 말합니다. [철, 수, 가, 영, 희, 를, 보, 았, 다]가 음절이지요.

음소: 가장 작은 소리 단위를 말해요. 음소 이하로는 더 이상 문장을 나눌 수 없지요. '철수'라는 단어만 보자면 [ㅊ, ㅓ, ㄹ, ㅅ, ㅜ], 즉 각각의 자음, 모음들이 모두 음소랍니다.

있으면 돼서 훨씬 효율적이랍니다. 대표적인 음절문자는 일본의 가나예요.

이 글자들은 왼쪽부터 각각 '가', '나', '마'라고 읽어요. 첫 번째 글자를 살펴보세요. 어디가 ㄱ 소리이고 어디가 ㅏ 소리인지 구분할 수 있나요? 그리고 ㅏ 소리가 두 번째와 세 번째 글자 어디에 있는지 알 수 있나요? 이 글자들은 '가', '나', '마'라고 읽힐 뿐 ㄱ, ㄴ, ㅁ, ㅏ 소리로 따로따로 읽히진 않아요. 각각 '가', '나', '마'라는 음절을 나타내고 있을 뿐 더 작은 단위로 쪼갤 수 없지요. 이것이 바로 음절문자랍니다.

다른 예를 하나 더 들어볼게요. 다음은 북아메리카 체로키 인디언들이 1820년쯤 라틴 문자를 참고로 하여 만든 음절문자예요. 겉으로 보기에도 라틴 문자와 많이 닮았지요?

이 문자들의 발음은 왼쪽부터 각각 '고', '디', '메'예요. 위에서 살펴본 일본의 가나와 마찬가지로 어디까지가 자음이고 모음인지 구분할 수 없어요. 그저 하나의 문자가 하나의 음절만을 나타내고 있을 뿐이지요.

음절문자는 기본적으로 구

조가 단순한 언어에 적당해요. 예를 들어 일본어는 기본적으로 '자음+모음'으로 이루어진 음절 구조가 단순한 언어예요. 음절의 끝에 오는 자음, 즉 받침이 하나밖에 없으며 모음의 수도 아주 적답니다. 그래서 음절문자 50여 개 정도만 있으면 아무 불편 없이 문자 생활을 영위할 수 있어요. 체로키 문자 역시 85개의 문자만 있으면 된답니다.

한편 음절 구조가 복잡한 언어를 음절문자를 이용하여 기록한다고 가정해 볼까요? 그 많은 음절에 각각 다른 글자를 사용한다면 기억해야 하는 문자의 수가 많아지기 때문에 큰 부담이 될 거예요. 예를 들어 한국어의 경우는 기본적으로 '자음+모음+자음'의 음절 구조로 이루어져 있어요. 초성의 자음이 약 20가지, 중성의 모음이 약 20가지, 종성의 자음이 8가지여서 실제로 3000개가 넘는 음절이 존재하지요. 만약 우리가 한국어를 음절문자로 기록해야 한다면 적어도 3000개의 기호를 외워야 한다는 뜻이에요.

이처럼 음절문자의 출현으로 단어문자보다 편리한 문자 생활이 가능해졌지만 모든 말소리를 완전히 표현할 수 없다는 한계도 드러났답니다. 언어는 기본적으로 자음과 모음으로 이루어져 있어요. 그런데 자음과 모음을 구별할 수 없는 음절문자로는 모든 소리를 담아낼 수 없었지요.

사람들은 완전한 문자를 원했어요. 더 많은 소리를 담아낼 수 있도록 음절을 쪼개 보았지요. 그렇게 생겨난 문자가 음소문자예요. 음소문자는 글자 하나하나가 자음 또는 모음의 소리를 표기하는 문자 체계를 가리키는 말이에요. 인간 언어의 소리는 자음과 모음으로 이루어져 있으므로 말의 가장 최소 단위인 음소를 담아낸 문자 체계일 경우 자음과 모음에 대응하는 각각의 문자가 따로 존재하게 되는 것이죠. 그래서 음소문자를 자모字母문자라고도 불러요.

대표적인 음소문자는 우리가 지금 쓰고 있는 한글과 라틴 문자예요. 한글은 여러분도 알다시피 ㄱ, ㄴ, ㄷ, ㄹ과 같은 자음과 ㅏ, ㅑ, ㅓ, ㅕ와 같은 모음으로 구성되어 있어요. 라틴 문자 또한 모음 a, e, i, o, u와 자음 b, c, d 등으로 이루어져 있지요.

이렇게 작은 단위인 것들이 무슨 의미가 있느냐고요? '발'과 '달'로 예를 들어 설명할게요. '발'은 초성 자음 ㅂ, 중성 모음 ㅏ, 종성 자음 ㄹ로 이루어져 있어요. '달'은 초성 자음 ㄷ, 중성 모음 ㅏ, 종성 자음 ㄹ로 구성되어 있고요. 이 둘이 다른 점 하나는 바로 초성 자음입니다. 중성 모음과 종성 자음은 서로 같지요. 단순히 ㅂ과 ㄷ의 차이로 하나는 사람의 발을 뜻하게 되고, 남은 하나는 하늘에 떠 있는 노란색 달을 의미하게 된 것이지요.

이렇게 음소 하나만으로도 의미가 달라질 수 있게 되면서 필요한 문자의 수가 확연하게 줄어듭니다. 음소문자는 자음과 모음의 소리를 표현하는 수만큼만 글자가 있으면 되어요. 어떤 언어라도 그에 담긴 소리는 30~40개를 넘지 않거든요. 한글의 경우, 기본이 되는 자음이 14개,

모음이 8개이며 이를 결합해서 만든 글자까지 합쳐도 40개 정도에 불과해요. 이들만 있으면 한국어의 모든 단어, 모든 문장을 다 적을 수 있

◆ **단어문자, 음절문자, 음소문자**

지금까지 인류가 만든 문자는 대부분 단어문자, 음절문자, 음소문자, 이 세 종류 안에 속해요.

단어문자: 한 개의 문자 기호가 하나의 단어를 나타내는 문자예요. 한자, 이집트 문자, 수메르 문자, 마야 문자 등이 있어요.

음절문자: 한 개의 문자 기호가 하나의 음절을 나타내는 문자예요. 일본 가나가 대표적이에요.

음소문자: 한 개의 문자 기호가 하나의 소리(음소)를 나타내는 문자예요. 한글, 라틴 문자가 여기에 속해요.

cf) '산'을 뜻하는 일본어 やま(yama)로 한 번 더 살펴볼까요?

의미	높이 솟은 땅의 부분		
음성	ya-ma (음절 2개)		
문자	단어문자(한자)	음절문자(가나)	음소문자(라틴 문자)
	山(1개, 山)	やま(2개, や, ま)	yama(4개, y, a, m, a)
문자 기호의 수	단어의 수	음절의 수	음소의 수

이 외에도 소리글자에 속하는 자음문자(아브자드), 음소음절문자(아부기다)도 있지만, 여기서는 더 다루지 않겠습니다.

죠. 라틴 문자도 모두 26개의 글자만 있으면 돼요. 영어는 문장의 처음이나 고유명사를 대문자로 적는 관습이 있으므로 대문자까지 포함시켜도 50개 미만의 글자만 필요할 뿐이지요.

적어도 몇 천 개, 몇 백 개의 문자를 익혀야 하는 단어문자, 음절문자에 비해 음소문자가 얼마나 쉬운지 이해할 수 있겠지요.

★ 한글은 모아쓰는 전통이 있어요

한글을 음절문자라고 생각하는 사람들이 있어요. 하지만 한글은 음소문자예요. 다만 글을 쓸 때 음절 단위로 모아쓰기 때문에 생겨난 오해이지요. 모아쓰기는 각각의 자음과 모음을 가로세로로 묶어서 쓰는 방식을 말합니다. 풀어쓰기는 각각의 자음과 모음을 한줄로 쓰는 것을 말하고요.

한글은 음소문자이므로 모아쓰든 풀어쓰든 소리를 내는 데에는 아무런 문제가 없어요. 다만 세종 대왕이 한글을 만든 이후 모아쓰기를 해 온 것이 우리나라의 전통이었어요.

사실 모아쓰느냐, 풀어쓰느냐는 그 문자를 사용하는 사회의 관습일 뿐이지, 문자의 종류와는 관련이 없답니다. 음소문자를 모아쓴다고 음절문자가 되지는 않지요.

모아쓰기와 풀어쓰기를 비교해 볼까요?

학생
ㅎㅏㄱㅅㅐㅇ

st de
u nt
student

★ 한글을 자질문자라고도 해요

영국의 언어학자인 제프리 샘슨Geoffrey Sampson은 자질문자라는 또 하나의 문자 체계가 있다고 주장해요. 자질資質이란 소리가 가진 특징을 가리키는 말이에요. 음소문자의 ㄱ, ㅏ와 같은 글자 하나하나가 각각 자음이나 모음의 소리를 나타낸다면, 자질문자는 각각의 글자가 음성적 특징을 담고 있어요. 음성적 특징이란 하나의 소리를 다른 소리와 구별할 수 있도록 해주는 성질이지요. 각 낱개의 글자를 전체적으로 살필 경우, 글자들의 연관성이 보여 어떻게 만들어졌는지, 어떤 소리를 내는지 유추할 수 있어요.

조금 이해하기 어렵지요? 샘슨이 주장한 자질문자가 바로 한글이에요. 한글을 예로 좀 더 설명해 볼게요.

우리는 한글의 발음을 잘 알고 있으니 다음 설명을 쉽게 이해할 수 있을 거예요. 다음 표에서 첫 번째 줄(ㄱ, ㄴ, ㅁ, ㅅ, ㅇ)의 문자들은 기본 문자예요. 여기에 선을 하나 또는 두 개 그어서 두 번째 줄(ㄷ, ㅂ, ㅈ)과 세 번째 줄(ㅋ, ㅌ, ㅍ, ㅊ, ㅎ)의 문자들이 되었어요.

각각의 줄에 있는 문자들의 음성적 특징을 예측해 볼까요? 전문적인 내용이라 정확히 알 수는 없어도 두 번째 줄에 있는 문자들과 세 번째 줄에 있는 문자들의 특징이 각각 동일하다는 걸 추측할 수 있죠. 더 나아가 두 번째 줄에 있는 문자들의 특징에다가 어떤 특징이 더해져 세 번째 줄의 문자들이 만들어졌다는 것도 유추할 수 있답니다. 첫번째 줄에 있는 문자들을 두 번 반복한 네 번째 줄(ㄲ, ㄸ, ㅃ, ㅆ, ㅉ) 역시 첫 번째 줄에서 어떤 특징을 더했다는 걸 쉽게 생각할 수 있어요.

그러니까 한글을 처음 보는 사람이라도 그 모양만 보고 글자들이 서로 비슷한 특징을 가지고 있다는 걸 알 수 있어요. 자질이 글자에 드러

발음 유사					
ㄱ	ㄴ	ㅁ	ㅅ	ㅇ	획 추가
기역	니은	미음	시옷	이응	
	ㄷ	ㅂ	ㅈ		획 추가
	디귿	비읍	지읒		
ㅋ	ㅌ	ㅍ	ㅊ	ㅎ	
키읔	티읕	피읖	치읓	히읗	
ㄲ	ㄸ	ㅃ	ㅆ 쌍시옷		첫 번째 줄 문자를 두 번 반복
			ㅉ		
쌍기역	쌍디귿	쌍비읍	쌍지읒		

나 있기 때문에 가능한 일이에요.

라틴 문자의 다음 쌍을 보세요. 모양은 유사하지만, 그 소리는 아무런 관계가 없어요. 그래서 라틴 문자는 자질문자라고 할 수 없어요.

E	F
이	에프
I	J
아이	제이
O	Q
오	큐

다시 한글이 쓰여 있는 앞의 표 세로줄을 보세요. [기역, 키읔, 쌍기역], 이렇게 묶어 본다면 세로줄의 글자들 발음도 매우 유사하지 않나요? 가로 세로 어디로 보아도 글자들 간의 연관성이 보이는 문자, 바로 이것이 자질 문자랍니다.

앞서 문자는 단어문자, 음절문자, 음소문자로 발달해 왔다고 했어요. 그런데 샘슨은 그보다 한 단계 더 나아간 자질문자가 있고, 그 문자는 바로 한글이라고 본 것이죠. 그는 한글이야말로 지금까지 인류가 만든 문자 중 가장 과학적이라고 말했어요.

한글은 인류가 이루어 낸 많은 것 중 가장 위대하다.

다만 한글이 온전한 자질문자인지에 대해선 다른 의견들도 있어요. 이야기가 어려워 여기서는 길게 설명하지 못하지만, 한글이 자질문자적인 속성이 강하다는 것은 분명한 사실이랍니다.

문자의 발달 과정에 녹아 있는 인류의 지혜

문자가 발달하며 인류의 생각도 발전했어요

지금까지 우리는 인간의 언어가 어떤 과정을 거쳐 문자로 기록되었는지 살펴보았습니다. 처음에는 그저 보고 느낀 것을 그림으로 나타냈어요. 하지만 일관성 있고 체계적인 문자의 필요성을 느끼면서 사물의 모양을 본떠 단어문자를 만들었지요. 그런데 세상의 모든 사물과 생각들을 표현하려다 보니 문자의 수가 너무 많아지면서 점점 불편해져만 갔어요. 그때 문자가 소리도 담아낼 수 있다는 것을 깨달으면서 인류는 음절문자, 음소문자와 같은 새로운 체계를 만들어 문자의 수를 대폭 줄였어요.

말로만 이루어지던 인간의 의사소통은 여러 단계의 과정을 거쳐 이제는 온전히 문자로 기록되고 있어요. 이렇게 말이 문자화되는 과정을 살펴보면 인간의 인지 능력 발달을 엿볼 수 있습니다. 단순히 그림을 그리는 것에서 문자라는 시스템을 생각해 낸 것, 더 나아가 단어문자, 음절문자, 음소문자의 각 문자 수를 들여다보면 사회적 필요에 따라 인류 역시 생각을 계속 발전시켜 왔다는 걸 알 수 있죠.

언어는 자연적으로 진화했지만, 문자는 인류가 의도적으로 체계화하고 견고화한 기호 체계랍니다. 통일성, 효율성, 단순성, 의미의 명확성 등을 종합적으로 고려하여 만든 것이에요. 그래서 프랑스의 역사학자 앙리 장 마르탱Henri-Jean Martin도 이렇게 말했어요.

모든 문자는 문자를 창조하고 문자의 운명과 연관된 우리 문명의 사고 형식과 단단히 묶여 있다.

문명과 사회가 발전할수록 그에 맞춰 발달한 인류의 지혜는 문자를 더 견고하고 통일성 있는 모양으로 만들어 갔습니다. 인류의 사고방식과 문자는 서로 영향을 주고받으며 동등하게 발전했어요. 사람이 문자답게 만든 문자가 방대해져만 가는 복잡한 지식을 체계적으로 축적할 수 있게 해주어 사회가 성장하고 학문이 꽃필 수 있었고, 이를 바탕으로 또 한 뼘 성장한 인류의 지혜는 오늘날의 모습에 가깝게 문자를 빚어 나갔지요.

문자의 발달 과정

그렇게 인류는 오늘날의 자신들에게 가장 필요한 문자를 만들어 냈습니다. 지금도 문자는 변화하고 있습니다. 급변하는 사회 모습에 따라 항상 그 모양새를 달리하고 있죠. 종이 위에서 벗어나 컴퓨터, 스마트폰 등 다양한 기술과 만나 우리에게 다가오고 있어요. 그래서 문자는 인간 중심적입니다. 인류가 자신의 필요에 맞춰 바꾸고 있죠.

문자는 앞으로 어떻게 바뀔까요? 현재 우리가 왼쪽에서 오른쪽으로 읽는 방식은 그대로일까요? 몇 십 년 후에 가장 많은 사람들에게 통용되는 문자는요? 아마 그 역시도 우리가 원하는 대로의 모습일 겁니다. 그래서 문자의 과거를 아는 것이 중요해요. 과거 지식의 총체이면서 앞으로 나아갈 인류의 미래를 알려 주기 때문이죠.

문자를 해독한다는 것은 인류를 이해하는 길이랍니다

문명의 꽃이자 인류 생활의 필수 수단이었던 문자. 아직도 세계 곳곳에는 해독되지 못한 문자들이 너무나 많답니다. 앞으로 여러분이 살펴볼 라틴 문자의 기원인 에트루리아 문자 또한 그 예이지요.

사람들에게 잘 알려지지도 않은, 그리고 지금은 쓰이지도 않는 문자를 해독하면 무슨 의미가 있냐고요? 언어가 문자화되는 과정에 인간의 인지 능력 발달이 녹아든 것은 앞에서도 얘기했지요? 그렇기 때문에 문자를 통해서라면 인류의 성장 과정을 알 수 있다고도 말했어요. 즉 문자를 연구한다는 것은 역사를 안다는 것을 의미하지요.

기원전 196년에 제작된 로제타석
현재 영국 박물관에 소장되어 있습니다.

오늘날 우리가 역사를 알 수 있는 것은 문자 해독가들 덕분이기도 해요. 예를 들어 볼까요? 1799년 나폴레옹 군대가 이집트 로제타 마을에서 비석을 발견했습니다. 이집트 문자와 그리스 문자로 기록되어 있는 높이 1.2m, 너비 75cm, 두께 28cm의 거대한 비석으로, 이 글을 읽어 낼 수만 있다면 그동안 숨겨져 있던 이집트 고대사의 비밀들을 술술 풀 수 있을 것 같았죠. 이를 해결한 이가 바로 장 프랑수아 샹폴리옹Jean-François

Champollion이라는, 프랑스의 이집트 학자였어요. 그는 어릴 때부터 키워 왔던 이집트에 대한 관심과 끈질긴 인내력, 세심함 등으로 당대 경쟁자들을 물리치고 1822년 가장 먼저 로제타석의 문자를 해독해 냅니다. 덕분에 우리는 이 비석이 프롤레마이오스 왕의 즉위를 찬양하기 위해 만들어졌다는 걸 알 수 있었어요. 뿐만 아니라 이집트 고대 문자 해독의 중요한 열쇠로 작용해 지금까지 이집트 역사와 문화 연구를 계속 진행할 수 있게 되었지요. 문자 해독만으로 이제까지 잘 알려지지 않았던 이집트 문명이라는 거대한 역사가 드러난 것이랍니다.

장 프랑수아 샹폴리옹
로제타석의 문자를 해독해
오늘날의 이집트 연구를 가능하게
만들어 주었어요.

역사를 알고자 하는 호기심은 모두에게 내재되어 있는 본성과도 같습니다. 문자 해독은 여기에서 비롯된 연구이지요. 그래서 문자 해독은 역사를 아는 것을 넘어 인류를 이해하기 위해 반드시 가야 할 길이기도 합니다. 문자 해독 너머엔 인간 탐구의 실마리가 있으니까요.

다음 장부터 여러분들은 문자 여행을 떠나게 될 거예요. 문자를 아는 것만으로도 만날 수 있는 지식의 양은 끝이 없습니다. 새롭고 폭넓은 이야기 향연을 맛본다면 문자의 매력에 빠지게 될 거예요.

★ 문자 해독을 위해 많은 사람들이 노력했어요

샹폴리옹 말고도 세계 곳곳의 고대 문자를 해독하기 위해 노력해 온
사람들은 많았어요.

헨리 롤린슨 Sir Henry Creswicke Rawlinson

영국의 동양학자예요. 1826년 동인도 회사에 입사하여 이후 군인,
외교관으로서 인도, 페르시아, 터키를 돌며 고대 문명을 연구했어요.
그를 아시리아학의 아버지라고도 해요. 아시리아학은 설형 문자와 이
를 사용한 수메르인, 아카드인 등의 언어 · 역사 · 문화를 연구하는 학
문이에요. 특히 페르시아 유물에 관심이 깊었던 롤린슨은 서아시아 지
역을 통일한 페르시아 제국의 왕 다리우스 1세
의 비문에 새겨진 세 가지 설형 문자를 해독
하는 데 주력했어요. 그 결과 비문의 일부
를 영어로 번역해 페르시아의 왕과 그 역
사에 대한 새로운 정보를 세상에 드러냈지
요. 그 이후에도 그는 쉬지 않고 영국 박물관
이 소장하고 있는 주요 설형 문자로 된 문서
를 해독해 오늘날 설형 문자 연구에 많은 기

헨리 롤린슨
설형 문자 연구 부문에서
많은 업적을 남겼어요.

초를 마련해 주었어요.

마이클 벤트리스 Michael George Francis Ventris

영국의 건축가예요. 여섯 개의 유럽 언어, 라틴어, 그리스어를 읽을 수 있는 능력을 바탕으로 최초의 그리스 문명인 미케네 문자를 해독한 것으로 유명하지요. 그는 당시 크레타 문명 연구의 선구자였던 아서 에번스Sir Arthur John Evans가 기획한 전시회에 들렀다가 선 문자에 관심을 가지기 시작했다고 해요. 그 후 17년 동안 선 문자 B의 해독에만 몰두했죠. 끈질긴 노력 끝에 그는 1951~1953년 선 문자 B가 그리스어의 원형임을 입증해 냈답니다. 하지만 몇 년 후 교통사고로 34세라는 젊은 나이에 세상을 떠나고 말았어요.

선 문자 B
주로 거래를 기록하는 데 쓰였던 문자라고 전해져요.

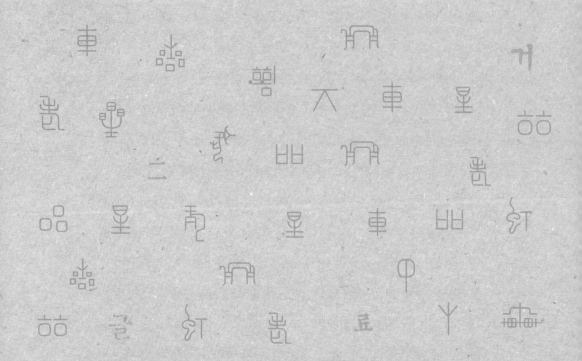

» 김은희 선생님

2010년 겨울부터 연세대학교 인문학연구원에서 연구교수로 있으면서 연세대와 성신여대에서 한자학과 중국어학을 가르쳤어요. 2015년부터 자리를 옮겨 성신여대 중어중문학과 교수로 있지요. 대학교 때 중국문자학 수업을 들으면서 생긴 관심으로 지금까지 한자를 공부하고 있어요. 저는 청소년들을 위한 인문학 강좌를 통해 한자에 담긴 이야기를 전했어요. 중국을 초월하여 동아시아인의 삶과 사유가 담긴 한자는 여러분의 창의적인 사고로 향하는 문을 열어 줄 거예요.

세계에서 제일 오래 사용되고 있는 문자, 한자

한자 문화권에 대해 알아볼까요?

우리나라도 한자 문화권에 속해요

여러분은 학교에서 또는 부모님에게서 한자를 배워야 한다는 말을 들어 본 적이 있나요? 혹시 그때 '한자를 왜 배워야 하지?'라는 생각을 했을지도 모르겠어요. 사실 한자는 엄밀히 말하면 우리나라의 문자는 아니에요. 하지만 한글이 만들어지기 전 한자를 빌려 사용했던 과거 때문에 아직까지도 생활 곳곳에 한자의 흔적이 남아 있어요. 또한 한국어 단어의 70% 정도가 한자어로 이루어져 있어요. 게다가 역사 자료를 살펴보기 위해서도 한자를 알아야 하지요.

다음은 과거에 한자를 사용했거나, 현재 사용하고 있는 나라를 표시

한자 문화권

공통적으로 한자를 사용하여 문화·사상 등을 발전시켜 온 나라들이에요.

한 지도예요. 이들 나라 모두 표기는 조금씩 다르지만 공통적으로 한자를 사용하고 있다는 점에서 한자 문화권에 속해 있다고 할 수 있어요. 한자 문화권은 공통적으로 한자를 사용하여 문화·사상 등을 발전시켜 온 지역을 일컫는 말이에요. 중국, 대만, 한국, 일본, 베트남 등이 여기에 속하지요. 역사적으로 한자 문화권은 중국의 한자를 주변의 여러 국가들이 수용하면서 형성되었어요. 최근에 들어서는 싱가포르, 말레이시아, 인도네시아 등에 중국인들이 진출하여 한자 문화권을 넓히는 데 기여했고요.

전통 한자 문화권은 유교, 불교와 같은 종교 · 사상뿐만 아니라 농경 문화, 생활 방식 등도 공유하고 있습니다. 과거에는 서로 언어가 달라도 한자로 글을 써서 의사소통이 가능했어요. 오늘날에는 그렇지 못하지요. 지금도 한자로 쓰인 간판 등은 대략적인 뜻이 통하지만 그 영향력이 약해졌어요. 하지만 여전히 한자는 우리에게 중요한 문자예요. 밖으로는 한자 문화권에 속하는 나라들을 넘어 동양 문화를 이해할 수 있는 열쇠이지요. 안으로는 한자로 이루어진 많은 우리말 단어를 이해하는 데 큰 도움이 될 뿐만 아니라 한글을 사용하기 전의 우리 역사와 긴밀한 연결 고리이고요.

한자는 세계에서 가장 오래 사용되고 있는 문자예요

한자는 현재 사람들이 사용하고 있는 문자 중 역사가 가장 오래되었어요. 고대 수메르 사람들이 사용한 설형 문자와 이집트 문자가 더 오래전에 만들어지긴 했지만, 지금은 사용되지 않고 있기 때문이죠.

물론 문자의 모양은 예전과 많이 달라졌어요. 여기서는 그 기원을 거슬러 올라가 볼까 해요. 한자는 뜻글자랍니다. 각각의 글자에 뜻과 이야기가 살아 숨 쉬고 있어요. 가장 오래된 역사를 가지고 있는 만큼 그 어느 문자보다 풍부한 이야기들이 숨어 있답니다. 그래서 한자를 하나하나 살피다 보면 한자가 단순히 외워야만 하는 따분한 글자가 아니라 재밌는 이야기보따리로 느껴질 거예요.

한자의 역사에 대해
알아볼까요?

한자가 있기 전 사람들은 어떻게 정보를 교류했을까요?

문자가 생기기 전에 고대 중국인들은 어떻게 정보를 기록했을까요?
먼 곳에 있는 사람에게 소식을 알릴 때는요? 문자가 출현하기 이전에
는 특정한 일을 기록하여 보존하고 전달하는 수단으로 매듭(결승結繩)과
새김부호(서계書契)를 사용했습니다.

아주 오랜 옛날에는 매듭으로 다스렸으며 후세에 성인은 새김부
호로 매듭을 대신하였다.

－《주역周易》〈계사전繫辭傳 상上편〉

기록에도 옛날엔 매듭과 새김부호로 나라를 다스렸다고 쓰여 있어요. 계약과 문서 작성 등 국가 행정에 중요한 역할을 했던 것이죠. 그럼 매듭과 새김부호에 대해 좀 더 자세히 살펴볼게요.

매듭으로 어떻게 다양한 의미를 표시했을까요? 단순하게 큰일은 크게, 작은 일은 작게 매듭을 지었다고 해요. 사물의 적고 많음은 매듭의 개수로 표시했고요. 중국 남쪽에 거주하는 소수 민족은 1950년대까지도 매듭을 사용했다고 합니다. 그들은 매듭으로 어떠한 일을 표시했을까요?

중국 소수 민족은 매듭으로 개수, 금액, 그리고 날짜 등을 기록했어요. 만약 매듭 10개가 지어져 있는 줄이 있다고 가정해 봅시다. 매듭 10개는 10위안(중국의 화폐 단위)을 누구에게 빌렸거나 빌려준 것을 증명하

◆ 키푸

매듭은 세계 여러 곳에서 기억을 저장하거나 의사를 전달하는 수단으로 사용되었습니다. 그중에서 고대 잉카인이 사용했던 매듭을 키푸(Quipu)라고 해요. 오른쪽 사진에서 볼 수 있듯이 인구수, 수납된 곡물의 양 등 다양하고 복잡한 정보를 긴 끈에 매듭을 지어 표시했답니다.

잉카인이 사용했던 키푸

는 문서일 수 있어요. 또는 10일 뒤에 만나자는 약속을 나타낸 것일 수도 있죠. 물론 이러한 의사소통이 가능하려면 매듭의 크기, 수량, 색깔 등이 무엇을 의미하는지 그 사회에 속한 사람들 또는 매듭을 사용하는 사용자 간에 약속을 해야겠지요. 그래서 각 소수 민족마다 매듭이 나타내는 의미가 다르다고 해요.

예를 들어 아래 사진은 중국의 소수 민족 리수족이 사용했던 매듭이에요. 조카를 대신 키워 주면서 입힌 옷과 먹인 식량의 양을 표시한 것이죠.

매듭 다음에 출현한 것이 나무 판에 홈을 파거나 선 또는 간단한 부호를 새긴 새김부호예요. 새김 눈금이라고도 부른답니다. 앞에서 살펴본 《주역》에도 후세에는 새김부호로 매듭을 대신하였다고 쓰여 있었죠? 고대에는 주로 계약이나 약속을 새김부호로 기록해 반으로 갈라서 두 사람이 나눠 가졌다고 해요. 그리고 약속한 날짜에 만나서 조각들을 맞춰 보며 서로 간의 약속을 확인했던 것이지요. 새김부호는 주

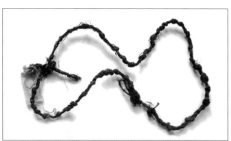

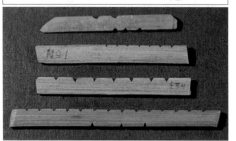

중국 리수족의 매듭(上)과 중국 하니족, 리수족의 새김부호(下)
한자가 등장하기 전까지 주요 의사소통 수단으로 사용되었어요.

로 수량을 나타내는 데 쓰였어요. 이를 통해 우리는 문자 사용 이전에 물물 교환을 비롯해 거래를 하는 시장 경제가 형성되었음을 알 수 있답니다.

물론 거래나 약속 외에도 날짜, 계산, 간단한 정보나 편지, 통지글을 기록하기도 했어요. 중국의 라후족은 친지나 친구에게 어떠한 일을 알릴 때 대나무에 눈금을 새겨 보냈답니다. 사소한 일은 작게 새기고 큰 일은 크게 새겼어요. 급한 일이면 새의 깃털을 매달기도 했죠. 새처럼 신속하게 와달라는 의미로 말이에요.

다음 목판에 새긴 부호는 어떠한 의미를 나타낸 것일까요?

맨 왼쪽에 있는 길이가 같은 세 개의 ㅣ은 지위가 동등한 세 사람을 나타내고, 그 옆의 ○은 보름달을 의미해요. 그리고 두 선을 교차시킨 ×형태는

'만나다'는 뜻이고요. 맨 오른쪽에 있는 길이가 다른 세 개의 ㅣ은 상중하 계급을 나타낸 것이지요. 여러분, 무슨 뜻일 것 같나요? 바로 "세 사람이 보름달이 뜬 날에 만나서 물품을 세 지도자(상중하 계급)에게 보냈다."라는 의미랍니다.

그런데 ㅣ, ○, ×는 형태가 너무 간단해서 다양한 의미로 보일 수 있어요. ○만 해도 해, 달, 빵, 공, 구슬 등 여러 뜻으로 읽힐 수 있지

요. 하나의 부호가 한정된 몇 가지 의미로만 통용된다면 맥락에 따라 해석이 가능하겠지만 이렇게 다양하게 읽힌다면 분명 의사소통이 어려울 거예요. 그러므로 앞에서 설명한 매듭처럼 한 공동체 내에서 모든 구성원들의 약속 아래 공통된 기호를 사용해야겠지요.

바로 이것을 문자의 사회성이라고 해요. 앞에서 다른 선생님이 설명한 문자의 특징을 보았을 거예요. 그중에서도 사회성은 문자가 반드시 갖추어야 할 기본 조건이랍니다. 사회성이 갖춰지지 않은 문자는 의사소통 기능을 할 수 없어요. 공동체 내부에 혼란만 가중시킬 뿐이죠. 그렇기에 매듭과 새김부호 모두 어느 정도 문자로서의 기능은 해냈다고 할 수 있어요.

매듭과 새김부호는 문자라고 할 수 없어요

지금까지 말한 매듭과 새김부호는 문자일까요? 문자의 개념을 먼저 살펴볼게요.

흔히 문자를 "인간의 의사소통에 필요한 시각 기호"라고들 말해요. 그러나 이 설명은 완전하지 않아요. 그림 또한 시각 기호이지만 문자라고 하지는 않잖아요? 좀 더 자세히 정의 내리자면 문자는 '어떠한 물질의 표면에 특정한 의미를 나타내기 위해 약속하여 정해진 형체를 새기거나 그려서(써서) 기록한 것'입니다. 문자의 개념을 이렇게 규정한다면 매듭은 문자라고 볼 수 없어요. 매듭의 크기, 형태, 색깔로 다양한 의미를 구별하여 나타내고 있지만 수량 등의 간단한 정보에 한해서만 표시할 수 있기 때문이에요. 즉 세상의 모든 언어를 기록하는 데는 한계가 있죠.

새김부호는 어떤가요? 새김부호 역시 구별성이나 체계성을 갖추고 있지 못해요. 눈금의 크고 작음으로 세세한 의미까지는 담아낼 수 없기 때문이에요. 또한 깃털을 매단다고 하더라도 더 이상 의미를 체계적으로 표현할 수는 없지요. 이러한 까닭에 새김부호 역시 언어를 기록하여 넓은 지역으로 전파하고 보편적으로 사용하기에는 무리가 있습니다. 따라서 매듭이나 새김부호를 문자라고 말할 수는 없어요. 그저 문자가 탄생하기 이전에 사용하던 '기억 저장의 수단', '의사 전달의 수단'이라고 부르지요.

그래서 한자는 눈여겨볼 만한 가치가 있는 문자입니다. 그 오래전부터 기록성, 사회성을 모두 갖추고 있었으니까요. 이런 문자의 특징을 모두 갖춘 한자를 최초로 만든 사람은 누구이며, 언제 어떻게 만든 것일까요? 이제부터 한자의 기원을 이야기해 보려 해요.

사실 한자도 처음부터 완벽하지는 않았어요. 하지만 단순히 매듭, 새김부호, 그림문자로 대신할 수 없는 특별한 무언가가 있었지요. 여기에 한자가 전 세계에서 가장 오랜 기간 동안 사용되고 있는 이유가 있답니다.

자, 이제 떠나 볼까요? 과거의 한자가 오늘날까지도 활발하게 쓰이는 문자로 되기까지의 과정 속에 숨어 있는 이야기들을 들려줄게요.

중국의 문자 영웅,
창힐

한자는 누가 만들었을까요?

《여씨춘추》,《한비자》에 다음과 같은 문장이 기록되어 있어요.

창힐이 문자를 만들었다倉頡作書.

중국 최초의 한자 사전인 《설문해자》에도 한비자의 말을 인용하여
똑같이 쓰여 있죠. 이들에 따르면 한자를 창제한 사람은 '창힐'이에요.
《설문해자》 서문에 창힐이 어떻게 문자를 만들었는지 기록되어 있
어요.

황제의 사관 창힐이 새와 짐승의 발자국을 보고, 나뉘어 있는 무늬가 서로 다르게 구별될 수 있다는 것을 알게 되어 처음으로 문자를 만들었다.

즉 새와 짐승의 발자국 무늬가 서로 다르게 보이는 것에 착안하여 문자를 생각해 냈다는 것이죠.

일반적으로 문자들은 각 지역에 농경 문화가 정착하면서 생겨났어요. 발전한 기술력을 바탕으로 생긴 잉여 생산물의 저장 품목과 매매량을 기억하기 위해 '기록'이 필요하게 되었기 때문이죠.

그런데 이 창힐 이야기에 따르면 흥미롭게도 고대 중국은 농경 문화가 정착되기 이전부터 이미 기록 문화가 있었던 것으로 보입니다. "창힐이 새와 짐승의 발자국을 보고"라는 문장을 다시 살펴볼까요? 황제의 사관이 동물의 발자국을 관찰했다는 것은 당시 수렵 생활이 지배적이었다는 걸 의미해요. 교과서에서도 배웠지요? 인류는 농사로 주요 식량을 생산하기 전에 수렵과 채집 생활로 먹거리를 해결했어요. 그러니 다른 지역과 달리 중국에선 농경 사회가 시작되기 전

창힐 창제설에 관한 비석(중국 산동성)
문자를 발명한 창힐은 중국에서 여전히 성인으로 추앙받고 있어요.

부터 문자에 대한 인식이 있었다는 흥미로운 사실을 유추할 수 있습니다. 문명의 발달 단계로 보자면 굉장히 일찍 문자가 출현한 것이죠.

창힐의 문자 발명에 관해선 이것 말고도 여러 설이 전해 내려와요. 어느 날 사냥을 떠난 창힐이 강가에서 쉬다가 등딱지에 매우 신기한 문양이 있는 거북을 발견했다고 해요. 이를 보고 창힐은 거북의 등딱지처럼 각각의 그림들이 어떤 의미를 나타낸다면 사람들의 의사소통이 편해질 수 있겠다고 생각해 문자를 고안했죠. 또 이런 이야기도 전해와요. 평소 창힐은 매듭으로 황제에게 보고를 했는데, 한번은 매듭을 잘못 지어 황제가 엄청난 손해를 보았답니다. 그 일로 창힐은 관직을 버리고 세상을 떠돌다가 별자리와 자연계를 관찰하여 각종 글자들을 만들어 냈다고 해요.

이렇게 여러 가지 이야기가 존재하지만 창힐 창제설은 한자의 기원에 관한 다른 학설보다 언어학적 논리가 탄탄해요. 새와 짐승의 발자국 무늬가 다른 것을 보고는 문자의 특징들을 생각해 냈다거나 매듭이 가지는 문자로서의 한계, 지시 대상과 글자, 그 글자가 나타내는 의미 관계까지 파악하고 있었던 것으로 보이니까요. 그래서 많은 학자들이 이 창힐 창제설을 근거로 한자의 기원을 계속 쫓고 있답니다.

네 개의 눈을 가진 창힐이 한자를 만들었어요

창힐은 어떤 인물일까요? 고대 중국에서는 문자를 신성시했기 때문에 아무나 문자를 사용할 수 없었어요. 권력을 가진 특별한 사람만이 문자를 다뤄야 한다고 생각했지요. 그래서 사람들은 문자를 만든 창힐이 "역사를 기록하는 사관이었다." "왕이었다."는 등 특별한 권력을 가지고 있었다고 추측했어요.

사실 창힐은 한글을 창제한 세종 대왕처럼 실존 인물이 아니라 허구의 인물이에요. 그렇다면 고대 중국인의 상상 속에서 창힐은 어떤 모습이었을까요? 신화나 전설 속 인물들을 보면 머리에 뿔이 달려 있거나 사람 몸에 뱀의 꼬리, 말 머리에 사람 몸 등 반인반수의 형상으로 묘사되어 있는 경우가 많지요? 옛사람들은 그들을 우리와 다른 모습으로 그려서 인간이 범접할 수 없는 기이하고 신비한 이미지로 만들어 냈어요.

창힐도 마찬가지랍니다. 고대 중국인은 창힐이 문자를 발명할 수 있었던 이유를 눈에서 찾았어요. 그래서 눈을 네 개로 그렸지요. 네 개의 눈 덕분에 인간을 초월하는 뛰어난

창힐의 초상화
창힐의 뛰어난 관찰력을 네 개의 눈으로 표현했어요.

관찰력이 생겼고 그 결과 문자를 창제할 수 있었다고 믿었던 거예요.

문자를 바라보는 서로 다른 두 시각

> 창힐이 문자를 만들자 하늘에서 곡식을 비처럼 내리고 귀신은 밤
> 새도록 울었다.
>
> — 《회남자淮南子》의 〈본경훈本經訓〉

문자가 생겼는데 왜 하늘에서 곡식 비가 내리고 귀신이 밤새도록 울었을까요?

창힐은 상상 속의 인물이지만 오늘날까지도 많은 중국 사람들이 그의 존재를 믿고 신으로 모시고 있습니다. 사당을 짓고 제사를 지내며 성인으로 추앙하지요. 중국 동부 섬서 성 백수 현의 한 마을에서는 매년 곡우(곡식 곡穀, 비 우雨)라는 절기에 그에게 제사를 지낸다고 해요. '곡우'는 문자 그대로 '곡식 비'로 풀이할 수 있지만, 절기의 명칭으로서 '곡식에 비가 내린다.'라는 의미가 있어요. 곡우에 벼농사의 시작인 씨뿌리기를 하며 이때 내린 빗물로 못자리를 만들지요.

위의 인용문처럼 전설에 따르면 창힐이 문자를 만들었을 때 하늘이 감동하여 인간 세상에 곡식 비를 내려 주었다고 해요. 그래서 농사의

시작을 알리는 곡우에 제사를 지내며 풍년을 기원하는 것이죠.

하지만 전혀 다르게 바라보는 의견도 있답니다. 중국 후한後漢 시기의 학자 고유高誘는 위의 문장을 다음과 같이 해석했어요.

창힐이 새 발자국의 무늬를 관찰하여 문자를 만들었는데, 사기와 거짓이 발생하게 되었다. 사기와 거짓이 생겨나자 근본이 사라지고, 사람들이 경작의 업을 버리고 망치와 칼을 날카롭게 하는 데 힘썼다. 이에 하늘은 인간이 허기지게 될 것을 예측하고 곡식 비를 내린 것이다. 귀신은 문자로 인해 그들의 존재가 밝혀지는 것이 두려워서 밤새 울었다.

문자가 없던 시절, 사람들은 농사를 잘 짓기 위해서는 보이지 않는 신의 힘에 의존해야 한다고 생각했어요. 그래서 풍년을 기원하거나 혹시 일어날 천재지변을 예방하고자 신에게 제사를 지냈지요. 하지만 문자가 생겨나면서 비가 오지 않는 것은 기우제와 같은 제사를 지내지 않아서가 아니라 날씨의 문제라는 걸 알았어요. 그래서 귀신의 눈물은 자신의 존재가 잊혀진 것을 슬퍼하며 운 신의 눈물인 것이죠.

또한 문자를 통해 이성적인 사유가 발전하면서 지성은 한층 더 두터워졌어요. 살아가는 방법으로 농사만이 아니라 상업을 비롯한 다른 방법들도 생각해 냈죠. 그중에는 전쟁도 있었어요. 이에 따라 인간들은 내면의 순수함을 잃어버려요. 그래서 귀신의 눈물은 문자로 인해 변질된 인간 세상에 대한 안타까움의 표현으로도 읽을 수 있지요.

앞에서는 문자 창제를 축하하기 위해 하늘에서 곡식을 비처럼 내렸다고 해석했어요. 하지만 고유는 귀신의 눈물에 초점을 맞춰 해석했지요. 감동과 축복의 눈물이 아니라 슬픈 곡소리로요. 이렇게 두 해석이 다른 이유는 바로 문자를 바라보는 관점의 차이에서 비롯된 것이랍니다. 문자가 올바른 사회 발전을 이끌어 간다고 생각한 긍정적인 관점과 사회에 혼란만 일으킬 것이라고 우려한 부정적인 관점이 대비되는 것이죠.

이처럼 당시 사람들은 문자가 발생하면서 생기는 문제점들을 걱정했어요. 연암 박지원이 지은 《허생전》에서도 문자를 부정적으로 바라보는 생각을 엿볼 수 있답니다. 이 소설에는 무인도에서 이상 세계를 설계하던 허생이 그 섬을 떠나면서 글자를 아는 모든 사람을 데리고 간다는 내용이 나와요. '식자우환識字憂患'이라는 생각에서 그렇게 한 것이지요. '식자우환'은 학식이 오히려 근심을 일으킨다는 뜻으로, "많이 알면 다친다."라는 우리의 표현과도 의미가 같지요. 그래서 허생은 오히려 이 이상 세계가 안정적으로 유지되려면 자신을 포함하여 글자를 아는 모든 사람이 없어져야 한다고 생각해 그들과 함께 떠난 것이에요.

고대에는 한자가 정치와 사상의 근본으로 여겨졌습니다. 그러나 한자와 함께 생을 다했던 지식인들은 거짓과 위선이 없는, 자연과 더불어 사는 삶을 동경하며 반反지성주의, 반反문자주의를 꿈꾸었어요. 이들이 한자 창제 신화에 '식자우환'의 의미를 덧씌운 것이에요.

중국 최초의 문자,
갑골 문자

갑골 문자는 닮은 꼴을 토대로 만든 상형 문자예요

창힐의 이야기에 나오는 '발자국'은 한자 창제의 기원을 탐색하는 또
다른 열쇠예요. '자국'은 어떠한 사물의 형상이 한 표면에 그대로 찍혀
서 생긴 것이에요. 동물의 발자국 모습을 보고 만들었다는 창힐의 이
야기를 통해 우리는 한자 또한 대상을 모사한 상형 원리에서 비롯
되었다는 걸 알 수 있어요. '상형象形'은 '형상을 본뜬다.'라는
뜻이에요. 한자어 '象'은 본디 '코끼리'를 뜻하는 글자
이지만 여기서는 '닮다'를 뜻하는 '像닮을 상'의
의미이지요.

거북의 등딱지에 새긴 갑골 문자
갑골 문자가 발전해 오늘날의 한자가 되었어요.

지금까지 알려진 중국 최초의 문자는 갑골 문자입니다. 거북의 등딱지 또는 소의 어깨뼈에 새긴 글자라는 뜻으로 은나라 때에 쓰였어요. 청나라 말기 왕의영王懿榮이 처음 발견했지요. 이후 유악劉鶚이 계속 연구하여 세상에 알려졌어요.

지금으로부터 3000여 년 전에 쓰인 갑골 문자는 상형의 원리를 기초로 형성되었답니다. 그렇기 때문에 대부분 모양만 보면 그 글자가 무엇을 본떴으며 어떠한 의미를 나타내는지 알 수 있어요. 갑골 문자 다음으로 사용한 글자인 금석 문자(금문)에도 갑골 문자의 형태와 매우 비슷해서 모양만 보아도 의미를 알 수 있는 것이 많죠.

다음 그림을 살펴볼까요? 갑골 문자를 중심으로 왼쪽에는 각각의 글자가 본뜬 대상이, 오른쪽에는 오늘날의 한자가 있어요. 제시된 갑골 문자들을 보면 해, 달, 산, 흐르는 물이 연상되나요? 이처럼 갑골 문자 중 많은 글자가 사물의 닮은 꼴로 만들어졌어요.

돌, 눈썹과 같은 사물은 어떻게 표현되었을까요? 상형 문자는 대상을 간단하게 문자로 표현한 것이에요. 그러니 돌맹이는 동그라미, 속눈

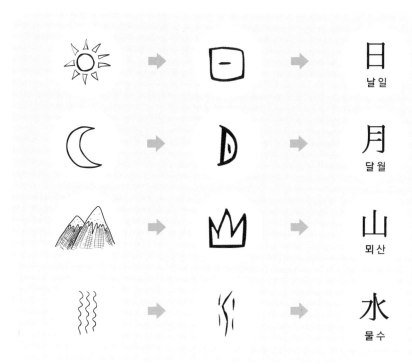

日
날 일

月
달 월

山
뫼 산

水
물 수

썹은 여러 개의 선으로 단순하게 표현할 수 있죠.

그런데 이들이 대상과 닮은 것은 맞지만 무엇을 의미하는지는 분명하지 않아요. 예를 들어 돌멩이를 표현한 동그라미는 얼핏 보면 과일, 공, 빵, 구슬 등 여러 가지 의미로 읽힐 수 있어요. 눈썹도 마찬가지예요. 단순히 여러 개의 선으로만 그린다면 하늘에서 내리는 비, 수염 등 전혀 다른 사물로 보일 수도 있지요.

따라서 이러한 경우에는 보통 그 대상과 가까이 있는 사물에 기대어

눈썹 미

돌 석

글자를 표현했어요. 눈썹(⨇)은 눈(⨇) 위에, 그리고 돌(ㅂ)은 암벽(ㄒ)
과 함께 그리라는 식으로 말이에요.

추상적인 개념도 표현할 수 있답니다

　여러분이 고대 중국인으로서 문자를 만든다면 '크다', '작다', '높다',
'좋다', '아름답다'와 같은 추상적인 의미를 어떻게 표현했을까요?

　사실 사물의 겉모양을 그대로 본뜨는 상형 원리로 뚜렷한 형체가 없
는 의미를 표현하는 것은 거의 불가능해요. 그래서 옛사람들은 기지를
발휘해 다르게 접근했죠. 추상적인 개념과 의미가 가까운 구체적인 형
상으로 표현한 것이에요. 즉 '크다'는 다 큰 성인의 모습으로, '작다'는
모래 알갱이와 같은 작은 사물로, '좋다'는 엄마와 아이가 함께 있는 모

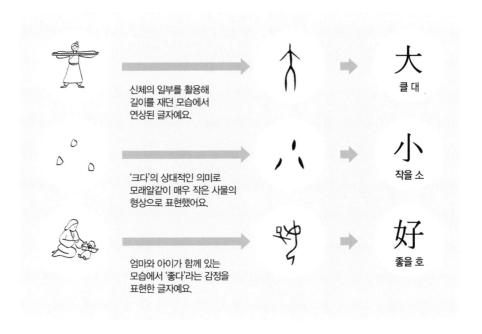

신체의 일부를 활용해
길이를 재던 모습에서
연상된 글자예요.

大
클 대

'크다'의 상대적인 의미로
모래알같이 매우 작은 사물의
형상으로 표현했어요.

小
작을 소

엄마와 아이가 함께 있는
모습에서 '좋다'라는 감정을
표현한 글자예요.

好
좋을 호

습으로 나타냈어요. 추상적인 의미를 구체적인 사물에 기대어 문자로

표현한 것이지요.

★ 옛날 사람들은 숫자와 위치를 이렇게 썼어요

(1) 갑골 문자로 표현한 수

지금은 숫자 1, 2, 3, 4를 한자로 一, 二, 三, 四라고 씁니다. 옛날에는 갑골 문자로 어떻게 썼을까요? 1은 선 하나(一)로, 2는 선 두 개(二)로, 3은 선 세 개(三)로, 4는 선 네 개(三)로 나타냈어요. 숫자 4만 바뀌었네요. 1부터 4까지의 갑골 문자 역시 구체적인 형상을 표현한 것이라고 볼 수 있어요.

그런데 5부터 10까지의 정수를 모두 선으로 나타내진 않았어요. 그 이유는 무엇일까요? 5 이상의 숫자를 그 수만큼 선으로 그린다면 시간도 많이 걸릴뿐더러 글자도 자주 틀려 의미가 제대로 전달되지 않았을 거예요. 심지어 10은 그어야 하는 선이 너무 많아 두 글자 이상의 공간

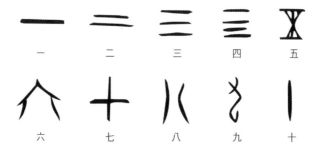

을 차지했겠죠. 그래서 5보다 큰 숫자는 다른 의미를 나타내는 글자를 차용했답니다.

(2) 갑골 문자로 표현한 위치

위(ᄉ) 또는 아래(ᄂ)에 무엇(-)인가 있다는 의미는 각각 ᄀ과 ᄀ로 표현했습니다. 그 형태가 변하여 오늘날의 上윗 상과 下아래 하가 되었지요.

'가운데'를 뜻하는 中가운데 중은 갑골 문자로 어떻게 표현했을까요? 고대부터 사람들은 깃발을 특정한 공간의 위치를 나타내는 표지로 사용했는데요. 이 모습에서 차용해 中은 한 지역의 중심에 깃발이 꽂혀 있는 모양(𣄼)으로 나타내었습니다.

中과 매우 유사한 모양(中) 역시도 같은 의미의 갑골 문자였답니다. 두 글자 모두 '가운데'를 의미하지요.

上　　中　　中　　下

지금의 한자는 상형 문자가 아니에요

지금까지 한자의 기원에 대해 살펴보았습니다. 앞에서 상형의 원리를 기반으로 갑골 문자를 만들었다고 설명했는데요. 한자는 고대부터 몇 천 년 동안 사용했던 문자를 전승하며 그 명맥을 유지하고 있습니다. 그 과정에서 문자의 형태는 계속 바뀌었어요. 그럼 오늘날 중국인이, 그리고 우리가 사용하는 한자도 상형 문자일까요?

사물의 모양을 그리듯이 쓰는 갑골 문자를 정형화하기는 어려워요.

◆ 각 시대별 대표 서체 ─────────────────

글씨를 쓰는 일정한 형식, 스타일을 서체라고 하는데요. 중국 문자에는 시대에 따라 형성된 대표적인 서체가 있습니다.

갑골 문자(甲骨 文字): 중국 은나라 때의 글자로, 많은 글자가 상형 문자예요. 글자의 형태가 하나로 고정되지 않았지요.

금문(金文): 갑골 문자에 비해 회화적인 특징이 줄고 글자로서의 특성이 두드러진 서체예요.

전서(篆書): 진나라의 시황제가 만든 전국의 표준 서체랍니다.

예서(隸書): 전서를 간략하게 만들어 편리하게 쓰도록 한 서체예요.

해서(楷書): 당나라 때 가장 유행했던 서체로, 현재까지 널리 사용되고 있습니다.

간화자(簡化字): 문자 교육을 위해 정부가 나서서 제정한 간략체예요.

매번 다른 모양의 글자가 나올 수밖에 없지요. 물론 지금도 사람마다 글씨체가 다르지만, 심한 악필만 아니라면 의미를 이해하는 데에 어려움을 겪지는 않잖아요? 하지만 갑골 문자를 쓸 당시에 문자 생활은 불편했어요. 사람이 일일이 쓰기엔 너무 어려운 모양이었거든요.

그래서 한자는 그 모양이 계속 변화했어요. 아래 수레를 뜻하는 車수레 차의 갑골 문자부터 금문, 전서, 예서, 해서, 간화자로 변화하는 과정을 보세요.

| 갑골 문자 | 금문 | 전서 | 예서 | 해서 | 간화자 |

시간이 지날수록 글자체가 점점 간략해졌지요? 갑골 문자에는 멍에, 끌채, 바퀴, 축(굴대) 등 수레에 꼭 필요한 핵심 부품이 표현되었어요. 금문 이후의 글자에서는 멍에와 끌채가 사라지고 바퀴 두 개는 한 개로 줄었지요. 바퀴를 연결하는 축만 남았고요. 지금의 '車'를 보고 수레를 연상하는 사람은 아마도 없을 거예요. 대상의 형체를 모방하여 글자로 표현하는 상형성이 사라졌기 때문이죠.

지금의 한자는 고대 갑골문과 형태가 유사하지만 상형 문자가 아니에요. 상형성을 잃어버렸을 뿐만 아니라 새로 만든 글자도 나타내고자 하는 어떤 대상을 모방하여 문자화한 것은 아니니까요. 日날 일을 보고 태양을 연상하고, 山뫼 산을 두고 산을 떠올린다면 그것은 학습에 따른 것일 뿐이에요. 따라서 지금의 한자를 상형 문자라고 말할 순 없답니다.

★ 지금의 한자는 이렇게 형성되었어요

(1) 간단해진 글자 형체

사회가 발전하면서 문자의 사용 범위가 확대되었어요. 행정 업무 등 신속하게 처리해야 할 일들이 늘어나면서 글씨를 빠르고 편하게 쓰고자 하는 사람들이 많아졌죠. 그래서 갈수록 글자가 간단해졌어요.

갑골 문자 → 금문 → 전서 → 해서

(2) 균형을 잡아간 글자 형체

본래 한자는 네모반듯하지 않았어요. 진시황이 문자를 통일하면서 보이지 않는 정사각형 틀 안에 구성 요소가 잘 조합될 수 있도록 만들어 오늘날의 형태가 된 것이죠. 글자 老늙을 로로 한번 살펴볼까요?

| 갑골 문자 | 금문 | 전서 | 해서 |

(3) 의미와 발음 정보를 같이 나타내기

한자는 뜻글자로서 글자 형체가 주로 뜻을 나타내도록 만들어졌지만 소리를 함께 나타내기도 했습니다. 이처럼 한자에서 뜻을 나타내는 글자와 소리를 나타내는 글자를 합해 새 글자를 만들어 내는 원리를 '형성'이라고 해요. 이러한 방법으로 만든 글자를 '형성자'라고 하고요. 지금 한자의 대부분이 형성의 원리로 구성된 글자입니다.

갑골 문자에도 형성자가 있어요. '별'을 뜻하는 星별 성은 처음엔 하늘의 수많은 별을 나타내는 모양(晶)을 본떠 나타냈어요. 여기에 소리(발음이 성)를 나타내는 生날 생이 결합해 갑골 문자가 완성되었지요.

음				
갑골 문자	갑골 문자	금문	전서	해서

日(빛나다: 뜻) + 生(생: 소리) ➡ 星

이야기를 담은 한자

우리는 앞에서 상형 문자인 갑골 문자가 오늘날의 한자로 변화하는 과정을 살펴보았어요. 상형 문자는 한자의 기원을 알려 주는 중요한 자료예요. 또한 옛사람들의 생각, 지혜를 들려주는 이야기보따리이기도 하답니다. 눈에 보이는 글자의 뜻과 함께 옛사람들의 무한한 상상력도 담겨 있거든요.

삶의 역동성을 담아낸 한자

'보다', '마시다', '듣다'의 공통점은 무엇일까요? 모두 사람의 움직임과 관련된 단어들이에요. 그래서 각각의 글자 안에 모두 人사람 인이 있답니다. '사람'이 들어 있는 것이죠. 그것도 옆모습으로요.

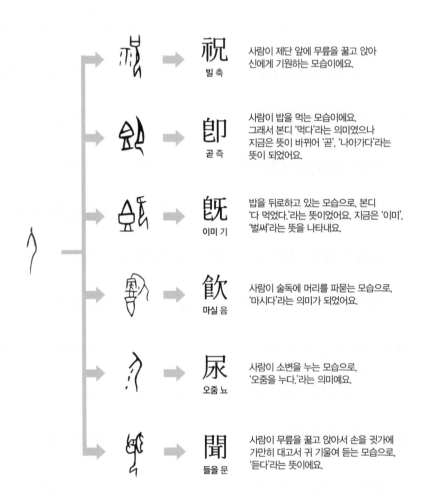

祝
빌 축

사람이 제단 앞에 무릎을 꿇고 앉아 신에게 기원하는 모습이에요.

卽
곧 즉

사람이 밥을 먹는 모습이에요. 그래서 본디 '먹다'라는 의미였으나 지금은 뜻이 바뀌어 '곧', '나아가다'라는 뜻이 되었어요.

旣
이미 기

밥을 뒤로하고 있는 모습으로, 본디 '다 먹었다.'라는 뜻이었어요. 지금은 '이미', '벌써'라는 뜻을 나타내요.

飮
마실 음

사람이 술독에 머리를 파묻는 모습으로, '마시다'라는 의미가 되었어요.

尿
오줌 뇨

사람이 소변을 누는 모습으로, '오줌을 누다.'라는 의미예요.

聞
들을 문

사람이 무릎을 꿇고 앉아서 손을 귓가에 가만히 대고서 귀 기울여 듣는 모습으로, '듣다'라는 뜻이에요.

왼쪽 여섯 글자는 조금씩 모양은 다르지만 '서 있는 사람의 옆모습'을 나타내는 '人'의 갑골문 '↑'을 품고 있답니다.

고대 문자와 비교해 볼 때 지금 우리가 쓰는 聞들을 문에는 한 가지 아쉬운 점이 있어요. 고대 중국인이 한자에 시각적 형상으로 담아낸 '귀 기울여 듣다.'라는 의미가 사라졌거든요. 우리가 생활하다 보면 나의 생각과 주장을 고집하기보다 다른 사람의 말을 귀담아듣는 것이 도움이 될 때를 경험해 보았을 거예요. 옛사람들 역시 경청의 소중함을 알고 있었기에 문자에 그 뜻을 담아 남의 말을 흘려듣는 것을 경계했지요. 하지만 지금은 그 의미가 옅어져 단순히 '듣다'라는 동작만 의미하는 글자가 되었어요. 그러니 이 글자의 변화 과정을 알게 된 여러분만큼은 앞으로 한자 '聞'을 볼 때마다 가끔씩이라도 그 의미를 생각해 주길 바라요.

그런데 여러분, 왜 이 모든 글자에 사람의 정면이 아니라 옆모습을 담은 걸까요? 보통 정면을 바라보아야 그 사람을 자세히 볼 수 있는데도요.

그림자극을 본 적이 있나요? 그림자극은 종이나 동물 가죽으로 만든 인형의 움직임에 빛을 비추어 하얀 막에 비치는 그림자를 활용하는 연극이에요. 여기에 쓰이는 인형들은 대부분 옆모습으로 만들어요. 그래야 구체적인 동작을 표현하기가 쉽기 때문이에요. 정면을 향해 서 있는 인형은 '마시다', '먹다', '짊어지다' 등의 구체적인 동작을 나타내기 어려

중국 전통 그림자극 '피잉시(皮影戏)'
화살을 쏘는 옆모습으로 인형을 만들었어요.

울 테니까요. 옆모습이어야 더 역동적인 움직임을 보여 줄 수 있지요.

문자도 마찬가지예요. 상형 문자는 섬세하게 입체감을 표현한 그림이 아니에요. 2차원의 평면 구조에 간단한 선으로 문자화한 것이죠. 그래서 앞을 바라보고 있는 사람의 손이나 몸의 움직임을 표현하기가 어렵답니다. 아무리 글자의 형체가 정해져 있다고 해도 매번 따라 그리기가 힘들지요. 그렇기 때문에 '먹다', '마시다', '들다' 등 인간의 구체적인 움직임을 생생하게 나타내기 위해 옆모습을 그릴 수밖에 없었던 거예요.

또한 고대 중국인이 사람의 옆모습을 글자에 담아낸 데에는 더 깊은 뜻이 있답니다. 여러분의 일상을 떠올려 보세요. 매일매일 활발하게 움직이며 살아가고 있지 않나요? 갑골 문자 'ᄼ'는 사람이 가만히 서 있는 모습 같지만 그 안에 굉장한 역동성을 담고 있답니다. 삶의 모습을 담은 글자인 셈이지요.

하늘을 보며 상상한 글자

'무지개'를 뜻하는 虹무지개 홍은 '뱀'을 뜻하는 虫벌레 충과 물건을 만드는 '장인'을 의미하는 工장인 공이 결합한 글자입니다. 하지만 '장인'이라는 뜻은 무지개와 전혀 관련이 없습니다. 지금은 발음상 차이가 있지만 본디 '工'은 '虹'의 소리를 나타내기 위해 더해진 것일 뿐이에요. 그렇다면 뱀과 무지개는 어떤 연관이 있길래 '虫'이 '虹'의 구성 요소가 된 걸까요?

아래 왼쪽에 있는 '虹'의 갑골 문자는 무지개와 같이 아치형이에요. 그런데 양쪽 끝에 있는 독특한 문양을 보세요. 오른쪽에 있는 갑골 문자 龍용 용의 머리 형상과 유사하지 않나요? '무지개'를 뜻하는 '虹'의 갑골 문자는 바로 용 두 마리의 몸이 연결된 형상을 나타낸 것이랍니다.

虹의 갑골 문자　　　전서　　　해서　　　　　龍의 갑골 문자

무지개는 비 온 뒤에 빛의 굴절과 반사로 나타나는 현상이에요. 하지만 고대 중국인은 무지개를 움직이는 생명체라고 생각했어요. 지금은

무지개를 '희망'과 '구원'의 상징으로 생각하는 경우가 많지만, 중국 은나라 때는 불길한 징조로 여겼다고 해요. 당시 점친 내용을 기록한 한 갑골문에 이렇게 쓰여 있어요.

왕이 점친 결과를 말했다. 재앙이 있을 것이다. 8일째 되는 날인 경술庚戌일에 동쪽에서 구름이 몰려오고 해가 서쪽으로 지기도 전에 무지개가 출현하는데, 북쪽에서 하수로 물을 마시러 오는 것이다.

― 《갑골문합집甲骨文合集》 10465

용이 물이 마시는 모습은 고대 문헌에서 자주 나와요. 용과 물은 어떤 관계가 있을까요?

용은 물에서 사는 전설 속의 동물로 파충류의 형상을 바탕으로 그려졌습니다. 고대인들은 무지개를 용이 물을 마시고 있는 모습이라고 생각했어요. 무지개는 보통 비구름과 함께 나타나는 경우가 많아요. 그런데 많은 비는 오히려 농사에 부정적인 영향을 주기 때문에 무지개를 불길한 현상으로 여겼던 것 같아요. 그리고 용 두 마리의 몸, 특히 꼬리 부분을 연결해 용의 짝짓기를 형상화한 '虹'의 갑골 문자(🐉)를 부정적인 의미로 치부한 것은 당연한 일이었죠.

시대가 바뀌면서 무지개의 부정적 의미는 퇴색했어요. 그리고 문자에 남은 시각적인 형상은 사람들을 또 다른 신화적 상상의 세계로 이끌었답니다. 바로 중국 창세 신화의 주인공 복희伏羲와 여와女媧 이야기예요.

복희는 고대에 용을 섬기던 부락의 시조이고, 여와는 남녀의 혼인을 주관하는 여신이에요. 신화에 따르면 어느 날 세상에 갑작스레 대홍수가 일어났다고 해요. 그때 오누이 복희와 여와는 다행히 표주박 배에 들어가 살아남을 수 있었어요. 하지만 대홍수가 휩쓸고 간 세상에 둘 밖에 남지 않았기 때문에 부부가 되어 인류를 탄생시킨 것이죠. 그 이후 복희는 결승문자를 만들고 인간에게 불을 전해 주기도 했을 정도로 인류 발전에 크게 기여한 신으로 그려져요.

〈복희여와도〉에서 복희와 여와는 상반신은 사람이고 하반신은 용인 반인반수로 그려져 있어요.

〈복희여와도〉
왼쪽의 가위(또는 컴퍼스)를 들고 있는 인물이 여와이고
오른쪽은 곱자와 묵통을 들고 있는 복희예요.

꼬리 부분은 서로 얽혀 있고요. 이렇게 꼬리가 교차된 모습을 통해 신화 속 인류 탄생 이야기를 상징적으로 표현한 그림이에요. 앞서 용의 짝짓기를 연상시키는 무지개를 부정적인 징조로 여겼다면 이제는 복희와 어와의 창세 신화에 대입해 생명, 탄생 같은 긍정적인 상징으로 바꾼 것이죠.

자연스레 무지개는 긍정적인 상징물이 되었어요. 여성과 남성, 음과 양의 결합을 통해 형성된 상서로운 상징물로요. 이러한 고대인의 관념은 여러 문헌에 실려 있어요.

무지개는 음과 양이 서로 만나서 이루어진 기운이다. 양의 기운과 음의 기운이 화합하는 형상이다.

앞에서 무지개와 관련된 부정적인 점괘를 언급했던 갑골문과는 내용이 전혀 다르지요? 사실 무지개는 구름이 비를 몰고 와 마른 땅을 적신 후에야 출현합니다. 물은 생물의 생장에 필수 불가결한 요소이고요. 시간이 흐르고 무지개가 점차 생명의 탄생과 삶의 풍요로움을 가져다주는 '희망'의 상징이 된 것은 어찌 보면 당연한 일인지도 몰라요.

이처럼 중국의 글자 하나하나에는 신화적 상상력이 압축되어 담겨 있어요. 그래서 갑골 문자는 단순한 이야기보따리가 아니에요. 옛사람들이 갑골 문자(￼)에 담아낸 것처럼 소중하게 생각했던 삶의 교훈, 무지개에 나타난 사고관의 변화, 풍습, 문자의 기원 등을 엿볼 수 있는 훌륭한 역사 자료랍니다. 단순히 옛 글자로 치부할 수 없는, 우리에게 매우 소중한 지식의 보고이지요.

한자를 배우면
좋은 점은 무엇일까요?

우리말의 70% 정도가 한자어입니다

우리가 문자를 보고 읽고 쓰는 시간은 하루 중 얼마나 될까요? 여러분은 문자를 주로 책으로 접하나요? 종이 책 외에도 스마트폰, 컴퓨터, 태블릿 컴퓨터, 텔레비전 자막, 그리고 거리를 걸으면서 보게 되는 수많은 간판과 표지판, 식당 메뉴판, 안내문……. 문자가 없는 세상은 상상조차 할 수 없어요. 어떻게 보면 가상 공간까지도 문자가 장악한 것 같기도 해요.

그렇다면 한자는 어디에서 어떻게 접하고 있나요? 혹시 'ㅇㅇ한자' 'ㅇㅇ중국어'라는 이름표를 단 학습서를 통해 열심히 '암기'하고 있지는 않나요? 바둑판 모양 한자 공책에 샤프심이 닳도록 열심히 같은 글자를 반복해서 써본 적도 있지요?

한자를 마주할 때면 많은 청소년들이 "한자를 꼭 알아야 할까요?"라는 물음을 던지고 싶을 거예요. 이 질문에 당연히 "아니요."라고 대답하는 어른들도 있을 수 있어요. 하지만 선생님은 한국 사회에서 중요한 문화적 가치를 지니는 문자라는 점에서 한자를 익히길 권유하고 싶어요.

실제로 여러분이 일상생활에서 만나는 많은 글자들이 한자는 아닐지 몰라도 한자어랍니다. 우리말의 70% 정도가 한자어라고 하니 놀랍지 않나요? 우리글에 나오는 명사는 대체로 한자어입니다. 또한 지하철, 도로 표지판에는 한글과 함께 영어 알파벳과 한자를 표기하고 있는 만큼 한자는 우리 생활 깊숙한 곳에 침투해 있답니다.

선생님은 초등학교 3학년 어린이가 쓴 일기에서 이런 문장을 본 적이 있어요.

크면 엄마에게 변방에 집을 사드려야겠다.

아마도 이 친구는 무협 만화를 즐겨 봤던 것 같아요. 무협 만화에 자주 나오는 변방이라는 단어를 사용한 것을 보니 말이에요. 사실 위 문장에선 '변방'이 아니라 '교외'라는 단어를 사용하는 것이 적절하답니다.

의미에 큰 차이가 없는 것처럼 느껴질 수도 있어요. 하지만 분명히 틀린 문장이지요.

이 두 단어의 한자를 한번 살펴볼까요? 각각 郊外교외, 邊方변방이에요. 교외는 '성의 밖', '서울의 외곽'을 뜻하는 郊성 밖 교와 '밖'을 뜻하는 外바깥 외가 결합해 서울 근교를 뜻합니다. 반면 변방은 '가장자리'를 뜻하는 邊가 변과 '지역'을 뜻하는 方모 방이 결합해 나라의 끄트머리, 즉 경계가 되는 변두리 지역을 뜻하지요. 그러니 변방에 집을 사드리고 싶다는 말을 들은 엄마는 얼마나 놀랐을까요?

이처럼 한자의 한 글자 한 글자를 머릿속에 새기면 한글만으로는 잘 알 수 없는 의미를 정확하게 이해할 수 있어요. 실제로 이 친구의 엄마 역시 아들이 한자를 제대로 알았더라면 그런 일기를 쓰지 않았을 거라고 생각해 아이에게 바로 한자 공부를 시키게 되었답니다.

이렇게 다시 질문해 볼게요. 한자를 익히면 좋은 점은 무엇일까요? 한자는 지금을 살아가는 우리에게 전혀 쓸모 없는 옛 글자가 아니에요. 고대부터 지금까지 언어 생활 깊이 영향을 끼치며 여전히 우리 곁에 살아 있는 문자랍니다.

한자를 익히면 창의적 사고가 따라와요

현대 사회에서 한자는 문자 외에 또 다른 기능을 하고 있습니다. 예를 들어 한자로만 메뉴를 소개하는 중국집은 "여기는 정통 중국 요릿집입니다."라는 분위기를 풍길 수 있죠. 또한 길거리에 한자가 많이 보이는 지역은 우리나라 사람이나 외국인에게 "유커遊客(본디 관광객을 뜻하는 중국어나 우리나라 내에선 중국인 관광객을 뜻하는 용어로 쓰인다.)가 많이 오는 지역입니다." 또는 "유커를 환영합니다."의 의미를 전할 수 있고요. 즉 한자가 새로운 기호로 작용하는 것이죠.

한자가 가지는 글자로서의 특징을 활용하는 경우도 있어요. 앞에서 설명했듯이 한자는 형태로 의미를 나타내는 문자랍니다. 水물 수는 물의 흐름이 연상되는 갑골 문자 '〵〢'에서 변화한 글자예요. 지금은 그 형태가 점차 변화해 '물'이라는 뜻만 남았지요. 이 '水'가 다른 글자와 결합해도 그 의미는 그대로 살아 있습니다. 江강 강, 海바다 해에 들어간 '水' 덕분에 글자를 몰라도 우리는 이들이 물과 관련된 의미를 나타낸다는 걸 알 수 있어요. '水'의 부수 형태인 'ⅰ'를 알지 못하더라도 각 글자의 모양에서 공통점을 발견하여 비슷한 뜻의 글자들이라는 것만이라도 유추할 수 있지요.

이처럼 한자가 '형태로 의미를 나타내는 문자'이기 때문에 우리는 한자 형태를 창의적으로 재구조화하여 또 다른 의미를 만들어 낼 수도 있

습니다. 한자를 활용한 공익 광고 포스터를 한번 살펴볼까요?

첫 번째 포스터는 '문'을 뜻하는 한자인 門문 문을 거꾸로 해서 마주 보고 있는 의자로 표현했어요. 한자의 형태를 뒤집어 '서로 마주 보고 앉는 것이 대화를 여는 문門'이라는 새로운 의미를 전달하고 있죠.

두 번째 포스터를 볼까요? 孝효도 효는 본디 자식(子)이 연로한 부모(老)를 등에 업고 있는 형태랍니다. '효' 사상을 압축적으로 보여 주는 글자이죠. 그런데 포스터에서는 '효도'를 나타내는 한자인 '孝'의 아래에 있는 '子'의 방향을 반대로 돌렸어요. '부모에게 등 돌린 자식'이라는 정반대의 의미가 되어 버렸죠.

세번째 그림을 볼까요? 부산광역시 사상구 슬로건이에요. 신나는 사상의 '신'을 발음이 같은 한자 新새로운 신으로 나타냈어요. 그랬더니 '신나다'라는 우리말의 의미와 함께 '새롭다'라는 한자의 의미까지 같이 읽히는 중의적인 슬로건이 되었답니다.

어때요? '한자를 어떻게 활용할 수 있을까?' 하고 지금 여러분의 상상력을 자극하지 않나요? 이처럼 한자를 조금만 다르게 바라보면 얼마든지 새로운 의미를 나타낼 수 있어요. 디자인을 중요하게 여기는 요즘에 한자의 가치가 재조명받고 있을 정도이지요. 그래서 한자는 옛 글자가 아니라 여전히 그 활용도가 무궁무진한 살아 있는 글자랍니다.

한자를 어떻게 공부하면 좋을까요?

그동안 선생님은 한자 공부를 어려워하는 학생들을 많이 만나 왔어요. 대부분의 학생들이 한자는 한글과 다르게 1000개가 넘는 글자 수와 규칙도 없이 많기만 많은 획수 때문에 외우기 힘들다고 하소연하죠. 하지만 그런 어려움을 이겨 내고서라도 한자는 배울 가치가 있는 문자라고 생각해요.

그럼 한자를 어떻게 공부하면 좋을까요? 먼저 '山', '水', '日', '月'과 같은 기본적인 글자부터 차근차근 익혀야겠죠. 맹목적으로 반복해서 쓰기보다는 머릿속에 형태와 의미를 동시에 떠올리며 소리 내어 읽어 보는 것이 한자를 공부하는 좋은 방법입니다.

이렇게 글자를 익힌 다음에는 어떻게 할까요? 중국에서 통용되는 한 자의 수가 8000개 정도라고 합니다. 그것들을 모두 익혀야 할까요? 지 금의 중국 사회에서는 2000개 정도만 익히면 일반적인 신문, 책 등을 읽을 수 있다고 해요. 우리나라에서 제정한 교육용 한자는 1800개입니 다. 그러니 우리는 일단 그 정도만 익히면 되겠죠.

그 복잡한 한자를 어떻게 그렇게 많이 익히냐고요? 한자는 그물망처 럼 서로 연결되어 '글자망'을 형성하고 있습니다. 전혀 다른 형태의 글 자들이 아니라 '山', '水', '日', '月'과 같은 기본적인 한자끼리 결합하고 또 결합하여 새로운 글자들이 생성된 것입니다. 따라서 형태가 전혀 다 른 1800개의 글자를 공부해야 한다는 부담감은 떨쳐 버려도 됩니다.

한글이 있기 전에 한자는 우리의 생각을 기록하는 유일한 문자였어 요. 현대 사회에서는 특별한 경우가 아니라면 일상생활에서 한자를 쓰 지 않기 때문에 한자를 배울 필요성을 느끼지 못할 겁니다. 일본처럼 가나와 함께 한자인 칸지를 문자 체계의 일부로 사용하지 않기에 더욱 그렇겠지요. 그러나 한자는 여전히 우리 문화에 영향을 끼치고 있습니 다. 우리 문자의 일부를 차지한 채 한글과 공존하며 전통과 현대를 넘 나들며 문자 문화 깊숙이 들어와 있죠.

새로운 문자를 접하는 것은 단순히 글자를 이해하는 것에 그치지 않아요. 새로운 문화를 마주하는 것이고, 그에 따른 사고의 확장을 경험할 수 있답니다. 여러분에게 한자를 권하는 것도 이러한 이유 때문이에요. 그러니 따분해만 하지 말고 한번 관심을 가져 보는 것은 어떨까요? 꼭 한자가 아니어도 좋아요. 다음에 이어질 다른 문자들도 괜찮답니다. 문자를 통해 만나는 세상은 여러분에게 새롭기만 할 테니까요.

» 최경은 선생님

연세대학교 인문학연구원 연구교수로서 강의와 연구를 병행하고 있어요. 15세기 독일에서 구텐베르크가 발명한 인쇄술과 16세기 유럽에서 마틴 루터가 이끈 종교 개혁을 중심으로 서구 문자의 사용과 확산에 대해 집중적으로 연구하고 있지요. 알파벳이 발명된 후 누구나 쉽게 글자를 배우고 지식을 습득할 수 있게 되었어요. 이러한 사실이 인류 역사에 미친 영향은 매우 큽니다. 그러므로 알파벳 기원을 찾아 떠나는 여행은 서구의 역사뿐 아니라 인류의 역사를 돌아보는 여행이 될 거예요.

chapter
04

지식 혁명을 이끈 문자,
알파벳

알파벳은 세계에서 가장 많은 사람들이 사용하는 문자예요

영어 a, b, c, d만 알파벳이 아니라고요?

인류가 지구에 처음 나타났을 때가 약 300만~500만 년 전이었다고 해요. 이에 비해 문자는 겨우 5000~6000년 전에 출현했지요. 이렇게 인류가 문자를 사용한 역사는 짧지만 그 영향은 실로 엄청났어요. 그중에서도 알파벳Alphabet이 서구에 끼친 영향은 매우 크답니다. 그럼 지금부터 알파벳에 대해 차근차근 알아보아요.

라틴 문자Latin script, 로마자Roman script라고도 불리는 알파벳은 여러분이 잘 알고 있는 영어 알파벳 26글자를 의미합니다. A, E, I, O, U의 모음 5자와 B, C, D, F, G, H, J, K, L, M, N, P, Q, R, S, T, V, W, X,

Y, Z의 자음 21자로 이루어져 있죠. 그리고 위 26개의 문자에 대응하는 소문자 26개가 있어요.

ABCDEFGHIJKLMNOPQRSTUVWXYZ
abcdefghijklmnopqrstuvwxyz

알파벳을 좀 더 정확히 표현하면 라틴 알파벳이라 부릅니다. 사실 알파벳은 자음과 모음을 각각 별도의 글자로 분리해서 쓰는 문자 체계 전체를 가리키는 말입니다. 러시아에서 사용하는 키릴 문자, 우리나라의 한글도 알파벳에 속하지요. 그러므로 영어 알파벳 26글자를 말할 때는 라틴 알파벳이라고 하는 것이 정확한 표현입니다.

알파벳은 오늘날 가장 많은 지역에서 사용하는 문자입니다. 미국을 비롯한 북아메리카, 멕시코, 브라질 등의 중앙·남아메리카, 유럽, 아프리카, 오세아니아 등 여섯 대륙의 대부분이 영어, 에스파냐어, 프랑스어, 독일어를 사용하고 있어요. 이들을 표기하는 문자가 바로 라틴 알파벳이고요.

다음 지도를 볼까요? 초록색으로 표시된 부분이 알파벳을 사용하는 지역입니다. 연두색 표시는 다른 문자와 병행해서 알파벳을 사용하는 곳들이고요. 키릴 문자를 사용하는 러시아, 이슬람 문화권과 아랍 문자

알파벳 사용 국가
전 세계에서 가장 많이 사용되는 문자가 바로 알파벳이에요.

를 사용하는 중동과 북아프리카, 그리고 한글, 한자, 가나를 사용하는

동아시아를 제외하면 거의 모든 지역이 알파벳을 사용하고 있답니다.

알파벳을 통해 글을 쉽게 배울 수 있게 됐어요

알파벳은 인류 역사를 바꾼 문자로 인정을 받고 있어요. 그 이유는

무엇일까요? 앞에서 살펴본 것처럼 대략 5000년 전에 이집트와 수메

르 지역에서 상형 문자와 설형 문자가 사용되었습니다. 설형 문자와 상형 문자의 공통점은 뜻글자라는 점입니다. 각각의 문자를 이해하거나 읽으려면 상당히 많은 수의 문자를 알아야만 했죠. 이집트 문자는 2500개, 설형 문자는 1000개 이상을 알아야 비로소 의사소통을 할 수 있었습니다.

그러나 알파벳은 이런 문자들과 달라요. 30개 정도의 기호만 알고 있으면 의사소통이 가능하죠. 그러니 누구나 쉽게 글자를 배우고 지식을 습득할 수 있었습니다.

물론 알파벳으로도 모든 말소리를 완벽하게 표시할 수는 없었어요. 이를 보완하기 위해 프랑스어 알파벳에는 비음 표시가, 독일어 알파벳에는 변모음 표시가 각각 추가되었죠. 하지만 이러한 단점을 덮어 둘

◆ **모두 다 알파벳**

영어: Hello. Nice to meet you.
에스파냐어: ¡Hola! Encantado de conocerle.
프랑스어: Bonjour. Enchantée.
독일어: Guten Tag. Schön, Sie zu sehen.

위 문장들은 모두 "안녕하세요? 만나서 반가워요."라는 뜻이에요. 처음 보면 낯설지만 찬찬히 뜯어 보면 비슷한 글자들로 이루어져 있어요. 모두 다 알파벳이죠.

만큼 알파벳은 다른 문자들과 비교하여 훨씬 쉽게 배울 수 있다는 장점이 있습니다. 그래서 글자를 읽을 수 있는 사람들이 늘어나는 데 결정적인 역할을 했죠. 이런 알파벳의 흔적을 따라 역사를 거슬러 올라가다 보면 많은 사람들이 글자를 안다는 사실이 인류 역사에 얼마나 큰 영향을 끼쳤는지 알 수 있답니다.

먼저 알파벳의 기원을 살펴볼 거예요. 단순히 문자의 시작을 알아보기 위한 것이 아니에요. 알파벳의 처음엔 고대 문명의 활발한 교류와 말소리를 온전히 담아내기 위해 노력했던 인류의 깊은 생각이 들어 있답니다. 고대 서구 문명의 중심에 문자가 있었던 것이죠. 그럼 이제부터 알파벳의 기원을 찾아 여행을 떠나 볼게요.

알파벳의 기원을 찾아 떠나는 여행

지중해 연안에서 알파벳의 흔적을 발견했어요

수많은 이들에게 '문자'라는 새로운 세계를 열어 준 알파벳은 언제, 누가 만들었을까요? 안타깝게도 알파벳의 기원에 대해 알려진 내용은 별로 많지 않아요. 현재까지 밝혀진 사실은 알파벳이 그리스를 통해 로마에 전해졌다는 것뿐이에요. 그리스인이 사용했던 알파벳이 어디서 유래했는지도 여전히 수수께끼랍니다.

문자를 연구하는 학자들은 먼 옛날 지중해에서 해상 무역 활동을 통해 가장 강력하게 힘을 키웠던 민족에게서 알파벳의 기원을 찾습니다. 바로 페니키아인들이었죠. 페니키아는 오늘날의 시리아와 레바논 해안

페니키아인들의 무역로
페니키아인들의 무역로를 따라 알파벳의 원형이 퍼졌어요.

지대인 지중해 동쪽 기슭을 일컫는 고대 지명으로, 그리스·로마 문명
이 꽃을 피운 곳입니다. 페니키아인들은 지중해 연안 도시인 비블로스,
시돈, 티르 등을 거점으로 삼고 지중해와 대서양을 무대로 활발한 상업
활동을 펼쳤어요. 상업 문물만 오간 것이 아니라 문화, 언어, 문자까지
다른 나라들과 주고받았다고 해요. 덕분에 넓은 지중해 바다에서 페니
키아인들이 닿는 곳마다 그들이 교류했던 문화와 문자 역시 퍼지게 되
었죠.

　페니키아인들이 간 나라엔 그리스도 있었습니다. 페니키아에 거주

하던 그리스인들도 모국으로 돌아올 때는 온갖 신기한 물건들뿐만 아니라 페니키아 문자를 비롯한 각종 문물을 가져왔죠. 그 시기는 대략 2500년 전으로 추정하고 있어요.

신화도 이와 비슷한 얘기를 전해요. 그리스 신화에 따르면 그리스의 고대 도시 테베를 건설한 사람이 바로 페니키아 왕자 카드모스라고 해요. 그가 도시를 건설하면서 고국의 문자 페니키아 알파벳까지 같이 들여온 것으로 전해집니다. 기원전 5세기 그리스 역사가 헤로도토스는 카드모스와 관련해서 이런 말을 남겼다고 해요.

카드모스와 함께 온 페니키아인이 그리스에 많은 성과물을 전해주었는데, 내가 보기에 그중에서 가장 중요한 것은 문자이다.

이처럼 고대 역사가도 언급했을 정도이니, 그리스 문자가 페니키아 문자를 차용한 것은 분명한 사실이랍니다.

전파 과정에서 약간의 수정은 있었어요. 본디 페니키아 문자는 자음만 22개로, a, e, i 등의 소리를 표현할 모음이 없었답니다. 반면에 그리스어는 모음이 많은 언어였죠. 단어의 상당수가 모음으로 시작할 정도였다고 해요. 그래서 그들은 자신의 소리를 표현하기 위해 페니키아 문자에 모음을 추가했어요.

그뿐만이 아니에요. 단어의 의미도 바뀌었답니다.

aleph(소) → Alpha: 알파(α)
beth(집) → Beta: 베타(β)
gimel(투창) → Gamma: 감마(γ)

예컨대 페니키아 문자의 'aleph소', 'beth집', 'gimel투창'은 각각
'Alpha', 'Beta', 'Gamma'로 변하고 문자가 지니고 있던 '소', '집', '투창'
이란 의미도 없어졌어요. 이렇게 그리스 문자는 자음 17개, 모음 7개로

문자	표기	발음 표기	문자	표기	발음 표기
A	α	Alpha (알파)	N	ν	Nu (누)
B	β	Beta (베타)	Ξ	ξ	Xi / Ksi (크사이)
Γ	γ	Gamma (감마)	O	o	Omicron (오미크론)
Δ	δ	Delta (델타)	Π	π	Pi (파이)
E	ε	Epsilon (입실론)	P	ρ	Rho (로오)
Z	ζ	Zeta (제타)	Σ	σ	Sigma (시그마)
H	η	Eta (에타)	T	τ	Tau (타우)
Θ	θ	Theta (테타)	Y	υ	Upsilon (업실론)
I	ι	Iota (이오타)	Φ	φ	Phi (파이)
K	κ	Kappa (카파)	X	χ	Chi (카이)
Λ	λ	Lambda (람다)	Ψ	ψ	Psi (프사이)
M	μ	Mu (뮤)	Ω	ω	Omega (오메가)

그리스 문자

이루어진 24개의 글자로 완성되었습니다. 대문자와 소문자도 따로 구별해서 사용했어요.

사실 알파벳이라는 용어도 그리스 문자의 첫 두 글자 '알파(α)'와 '베타(β)'에서 유래했어요. '감마(γ)', '델타(δ)', '파이(π)', '시그마(σ)', '오메가(ω)' 등 여전히 수학 같은 학문 분야에서 쓰이고 있는 기호도 옛 그리스 문자에서 나온 것이랍니다.

이렇게 그리스 문자가 오늘날까지 영향을 끼칠 정도로 당대 그리스 문화의 영향력은 매우 컸습니다. 서양 문화의 토대를 이루었다고 할 만큼 다양한 분야에서 독창적인 문화를 꽃피웠죠. 특히 기원전 5세기경 이후 문자가 정립되고, 왼쪽에서 오른쪽으로 쓰는 방식이 채택되는 등 표기 방법까지 정해지면서 희곡, 서사시, 역사, 철학 등 위대한 문학 작품들이 탄생했습니다. 대표 작품으로는 트로이 전쟁에 관해 다룬 《일리아드》와 트로이 전쟁이 끝난 후 귀향하는 오디세우스의 여정을 담은 《오디세이아》가 있죠. 역사 분야에서는 헤로도토스가 이름을 떨쳤으며 소크라테스와 플라톤 등 유명한 철학가들도 등장했지요. 이러한 그리스 문화는 후에 유럽으로 건너가 알파벳의 토대를 만들어 주었을 뿐만 아니라 중세의 셰익스피어와 같은 예술가들에게까지 영향을 주었다고 합니다.

★ 페니키아 문자 이전에도 알파벳의 흔적을 찾아볼 수 있어요

(1) 이집트 시나이 반도의 세라비트 엘 카딤에서 발견된 스핑크스

19세기 이래 많은 학자들은 알파벳의 기원을 알아내기 위해 지중해 전역에 흩어져 있던 유물들을 찾아 나섰어요. 그리고 드디어 1905년 영국의 이집트 고고학자 윌리엄 플린더스 페트리William Flinders Petrie가 이집트 시나이 반도의 세라비트 엘 카딤Serabit el Khadim에서 조그만 스핑크스를 발견했죠.

이 스핑크스는 약 3500년 전에 만든 것으로, 좌우에 문자가 새겨져 있었습니다. 한쪽에는 이집트 상형 문자로 "하토르의 여왕, 터키옥의 여왕."이라고 쓰여 있었어요. 다른 한편에는 발견 당시에는 해독 불가능했던 문자가 조각되어 있었고요. 페트리는 이 알 수 없는 문자가 전부 30개가 안 되므로 아마 알파벳일 것이라고 추측했지요.

그 후 10년이 지난 뒤 고대 이집트 연구자 앨런 헨더슨 가드너Alan Henderson Gardiner는 해독 불가능했던 문자들 중 일부가 이집트 문자와 비

세라비트 엘 카딤에서 발견된 스핑크스
현재 알파벳의 최초 흔적으로
추정하고 있어요.

숫하다는 점을 발견했어요. 그리고 그에 맞춰 첫 음을 추출했더니 레바알라트(Le BaAaLat)라는 단어가 생성되었어요. 오늘날의 알파벳식 발음과 매우 유사한 단어였죠. 또한 이는 놀랍게도 반대편에 있던 하토르라는 여신의 또 다른 이름이었답니다.

다시 말하면, 발견 당시 해독이 되지 않았던 문자는 '하토르 여신을 위하여'라는 뜻으로, 반대편에 새겨진 이집트 문자와 그 의미가 같았어요. 또한 처음 발견했던 페트리가 추측했던 것처럼 여기 쓰인 글자들은 알파벳과도 유사한 체계의 문자였죠. 그래서 이 스핑크스는 알파벳의 최초 흔적인 동시에 이집트 문자와 알파벳의 연관성을 생각해 볼 수 있게 해주는 중요한 자료랍니다.

(2) 우가리트어 점토판 문서

지중해 연안의 고대 도시 국가 우가리트에서 3300년 전에 만든 점토판 문서가 발견되었어요. 스핑크스의 알파벳보다 나중에 제작된 것으로 보이는 유물이었죠. 우가리트는 현재 시리아에 속하는 지역으로 당시 고대 이집트에 조공을 바치던 속국이었어요.

우가리트에서 발견된 점토판은 문자를 공부하는 학생들을 위한 것으로 추정됩니다. 당시 우가리트인은 문자 기호 30여 개를 사용했다고 해요. 그런데 이들은 다른 고대 문자들과는 다르게 자모 체계를 갖추고

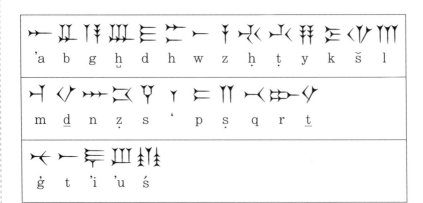

우가리트 알파벳
점토판 문서에 새겨진 우가리트 알파벳의 발음을 표시하면 위와 같아요.
오늘날의 알파벳과 매우 유사하지 않나요?

있었답니다. 오늘날의 알파벳 A, B, C 순서와도 아주 유사했죠.

(3) 페니키아 문자의 확산

페니키아 문자를 기원으로 하는 알파벳은 여러 지역으로 퍼져 나갔
습니다. 서쪽으로는 그리스 문자의 형태로 서부 유럽에 전달되었어요.
동쪽으로는 아람 문자로 변화해 인도에 확산되었고요. 페니키아인들의
활발한 무역 활동 덕분에 서쪽으로 전해진 문자가 다시 라틴어로 이어
져 현대의 서구 알파벳이 된 거예요.

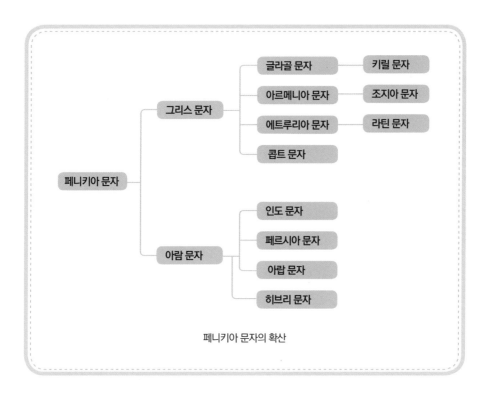

페니키아 문자의 확산

로마의 공식 문자가 된 알파벳

지금의 이탈리아 중부에는 토스카나라는 곳이 있어요. 이곳이 바로 그 옛날 에트루리아라는 고대 문명이 세워졌던 곳이죠. 에트루리아는 고대에 지중해 여러 지역과 활발하게 무역을 했습니다. 그 영향력이 매우 커서 기원전 4세기 라틴족의 손에 멸망할 때까지 로마 지역을 통치

에트루리아 지역 무덤에서 출토된 돗돌
고대 알파벳의 흔적이 새겨져 있어요.

했을 정도였죠.

에트루리아는 당시 그리스인과 서유럽의 다른 민족을 이어 주는 다리 역할을 했다고 해요. 그래서 에트루리아가 받아들인 그리스 문자가 서유럽으로 전해질 수 있었고, 이 지역에 로마 제국이 들어오면서 그 여파가 더 커진 것이에요. 미래의 로마인이 되는 라틴족이 이 땅을 지배하고 자신들의 언어인 라틴어를 표기하기 위해 에트루리아 문자를 차용하면서 알파벳이 확산되었죠. 즉 그리스 문자가 에트루리아를 거쳐 로마로 전해진 것입니다.

에트루리아 문자는 아직 완전히 해독할 수 없지만 기원전 8세기경 그리스 문자를 바탕으로 만든 표기 체계라고 알려져 있어요. 하지만 k, j, w, y는 실제 에트루리아의 금석문에서는 찾을 수 없다고 해요. 알파벳으로 정착되는 과정에서 생긴 것으로 추정할 뿐이죠.

신화에도 이와 비슷한 이야기가 있어요. 강의 신 라돈의 딸 카르멘티

ABCDEFIⰑⰀⰋKLⱮⱮⱤ︎ⰑⰌⱮ
QPSTⱯXⰀⰓ8ⰓⰋ︎⊦ⱯⰓⰋⰀXⰔ

에트루리아 문자

스가 올림포스 12신 중 한 명인 헤르메스와 관계하여 에반드로스라는 아들을 낳았어요. 에반드로스는 어머니 카르멘티스의 말에 따라 이탈리아로 이주해 새로운 도시 팔란티움을 건설했답니다. 그러고는 그 도시에 그리스 문자를 라틴어에 맞게 고쳐 만든 라틴 문자를 전해 주었다고 해요. 이 도시가 바로 훗날 로마의 터전이 되지요.

이렇게 페니키아 문자, 그리스 문자, 에트루리아 문자 등의 경로를 거쳐 드디어 라틴 문자, 즉 알파벳이 등장합니다. 바로 로마 제국에서요.

로마 제국은 기원전 27년 카이사르의 양자 아우구스투스Augustus가 황제에 즉위하면서 제정 시대를 엽니다. 초창기 로마는 크리스트교를 박해했으나 콘스탄티누스Sanctus Constantinus Magna 1세가 즉위하면서 분위기가 바뀌었지요. 313년 밀라노 칙령이 발표됐고 크리스트교는 로마의 정식 종교로 공인됐어요. 자연스레 크리스트교의 세력이 확장되었고 유럽의 보편적인 종교를 넘어서 문화의 중요한 요소로 자리 잡았지요. 곧바로 크리스트교의 '성스러운 문자'로 히브리 문자, 그리스 문자와 함께 라틴 문자도 인정받습니다. 종교의 팽창과 함께 알파벳이 전 유럽으로 퍼져 나갔어요. 서부 유럽에서 알파벳이 공용 문자가 된 거예요.

서부 유럽의 언어, 이를테면 영어, 독일어, 프랑스어, 에스파냐어 등이 알파벳을 공동으로 사용하기 시작했습니다. 동아시아 3국이 모두 한자를 사용했던 것처럼요. 이 과정에서 발음과 문자를 대응시키기 어려운 경우, 각 언어권은 자신들만의 발음 방식을 나타낼 특수 문자를 도입했어요. 발음과 최대한 유사하게 표기하기 위해 각자 새로운 문자 체계를 만든 것이죠. 예를 들자면 독일어권에서는 변모음 기호 Ä, Ö, Ü를 활용했고 에스파냐어권에서는 틸데(tilde)라는 비음(ñ)을 따로 표시했어요. 이렇게 해서 유럽 내에선 각각 사용하는 언어는 달라도 표기는 모두 다 알파벳으로 하게 되었지요.

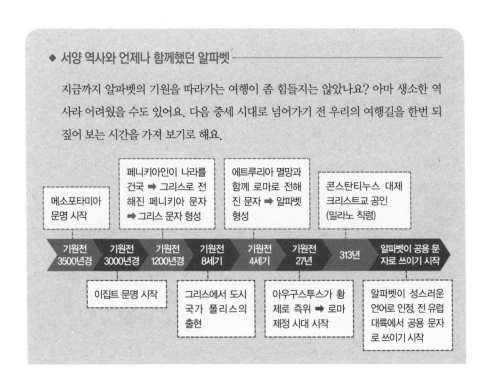

◆ 서양 역사와 언제나 함께했던 알파벳

지금까지 알파벳의 기원을 따라가는 여행이 좀 힘들지는 않았나요? 아마 생소한 역사라 어려웠을 수도 있어요. 다음 중세 시대로 넘어가기 전 우리의 여행길을 한번 되짚어 보는 시간을 가져 보기로 해요.

메소포타미아 문명 시작		페니키아인이 나라를 건국 ➡ 그리스로 전해진 페니키아 문자 ➡ 그리스 문자 형성		에트루리아 멸망과 함께 로마로 전해진 문자 ➡ 알파벳 형성		콘스탄티누스 대제 크리스트교 공인 (밀라노 칙령)	
기원전 3500년경	기원전 3000년경	기원전 1200년경	기원전 8세기	기원전 4세기	기원전 27년	313년	알파벳이 공용 문자로 쓰이기 시작
	이집트 문명 시작		그리스에서 도시 국가 폴리스의 출현		아우구스투스가 황제로 즉위 ➡ 로마 제정 시대 시작		알파벳이 성스러운 언어로 인정, 전 유럽 대륙에서 공용 문자로 쓰이기 시작

★ 로마 사람들은 어디에 글씨를 썼을까요?

로마 제국은 우편 제도와 관료 기구의 효율적인 측면을 중시했어요. 그래서 다소 찢어지기는 쉽지만 무게가 가벼운 파피루스 두루마리를 기록 매체로 선호했지요. 하지만 크리스트교 공동체는 양피지를 더 자주 사용했답니다. 내용을 찾아보기 쉬웠고, 박해 시절 로마 군의 검문에 대비해 숨기기가 쉬웠거든요. 지니고 다니기도 편했고요. 수도원 근처에서도 파피루스보다 양피지를 쉽게 생산할 수 있었어요.

그래서 크리스트교가 자리를 완전히 잡은 10세기부터 문자를 모두 양피지에 기록했어요. 《성서》 같은 경우는 그전부터 양피지에 기록하는 경우도 있었다고 해요. 그리스 문자로 기록한 《성서》 사본 중 지금까지 가장 오래 보존된 것은 4세기경에 제작된 〈코덱스 바티카누스Codex Vaticanus〉예요. 여기서 '코덱스'란 책의 형태를 갖춘 문서를 지칭하는 말이랍니다. 현재 로마 교황청 바티칸 도서관에 소장되어 있어요.

〈코덱스 바티카누스〉(4세기경)
로마의 주요 기록 수단이었던
양피지를 사용했어요.

알파벳이 중세 유럽의
문화를 바꿨어요

중세에는 귀족이나 왕도 글자를 몰랐어요

많은 중세 유럽인들은 문자를 몰랐습니다. 더더욱 일상생활에서 기록을 하는 사람들은 없었죠. 문자를 아는 사람은 대부분 수도원에서 지내는 성직자들뿐이었어요. 당시엔 글자를 쓸 줄 모르는 귀족이나 왕도 많았답니다. 프랑크 왕국에 전성기를 가져온 샤를마뉴Charlemagne 또한 글자를 읽을 줄 몰라 신하들이 읽어 주는 문서에 십자가 표시만을 했다고 해요. 왕국에 학교를 세우고 학자를 우대하며 학업을 장려하는 정책을 만들고 출판업에도 힘썼던 그가 정작 문자를 몰랐다니 모순이지 않나요?

사실 지금처럼 거의 모든 사람들이 문자를 알게 된 것은 최근의 일이에요. 고대 이집트인들은 문자를 '신들의 문자'라고 일컬으며 문자 자체를 경배의 대상으로 삼았어요. 그래서 고대 사회에서는 문자를 취급하는 사람, 즉 문자를 읽거나 쓸 줄 아는 사람은 자연스럽게 권력을 가지게 되었죠.

중세도 별반 다르지 않았습니다. 이 시대엔 일반 사람들이 문자를 사용할 일이 거의 없었어요. 주로 쓰이던 장소 역시 수도원에 한정되었지요. 자연스레 성직자들 말고는 문자를 사용하는 사람이 매우 적었답니다.

또한 당시의 책은 요즘처럼 정보를 전달해 주는 매체라기보다 예술품 취급을 받았습니다. 책 한 권 한 권에 엄청난 가격을 매겼기 때문입니다. 그래서 만드는 사람들도 글자들의 가독성을 높이는 것보다 화려한 장식을 이용해 책을 아름답게 만드는 데 치중했죠.

종이 덕분에 사람들의 문자 생활이 바뀌었어요

중세 후기에 해당하는 1400년경 종이의 도입으로 문자 사용이 촉진되었습니다. 8세기에 중국에서 아랍으로 전해진 종이를 본격적으로 활용했던 거예요. 그전까지 주로 문자를 기록하던 양피지는 가격이 비쌌

기 때문에 대중적인 목적으로 활용할 수 없었습니다. 그러니 주로 누군가의 예술품, 사치품으로 책이 이용될 수밖에 없었죠. 하지만 종이는 달랐어요. 싸고 튼튼하면서도 대량으로 생산할 수 있어 일상생활에서 사용하기에 부담이 없었거든요.

종이의 공급과 더불어 늘어나는 책의 수요에 부응하기 위해 필사생의 수를 늘리는 방법에 자연히 관심이 쏠렸어요. 수도원만으로는 늘어나는 문자 사용에 부응할 수 없었기 때문이에요. 성직자들만이 하던 필사 작업은 이제 수도원 밖에서 행해지는 경우가 더 많았습니다. 더욱 전문화되고 복잡해진 필사를 본업으로 삼는 사람들도 생겨났죠. 이와 함께 연대기 작성자, 편지 작가, 번역가, 글쓰기 교사, 서적 수집상, 문학 중개자, 기행 작가 등 새로운 직업들도 생겨났어요.

도시 행정이나 물건을 사고파는 상업 활동에서도 스스로 문자로 기록할 수 있는 사람들이 점점 늘어났습니다. 이를테면 이전에는 상인들이 따로 회계 장부를 관리해 주는 사람을 고용했다면 이제는 직접 자신들이 장부를 써나갈 수 있게 된 거죠.

15세기에는 독서 문화도 꽃을 피웠습니다. 그 증거로 독서용 안경의 보급을 들 수 있어요. 다음은 콘라트 폰 조에스트Konrad von Soest가 그린 그림이에요. 그림 속 책 읽기에 몰두하고 있는 사제의 코 위에 코안경이 놓여 있지요? 독일 바트빌둥겐이라는 마을의 교회에 소장된 것으로, 안경을 사용한 사람을 최초로 그림에 담았어요.

14세기 중반의 수도원 살인 사건을 다룬 움베르토 에코의 소설《장미의 이름》에도 안경이 등장합니다. 사건을 해결해 나가는 주인공 윌리엄 수도사에게 안경은 문자나 기호를 해독하는 데 없어서는 안 될 도구이죠. 글은 알지만 시력이 나빠지면서 책과 멀어질 수밖에 없었던 많은 사람들에게 독서용 안경은 새로운 독서 기회를 제공했어요.

콘라트 폰 조에스트의 그림 〈안경을 낀 사제〉(1403년)
처음으로 그림에 안경 낀 사람을 표현했어요.

이렇게 환경이 변화하면서 14세기까지 수도원, 대학, 관청, 궁정, 도시에서 글쓰기를 독점해 왔던 성직자들의 자리가 점점 위협받았습니다. 14세기 중엽 이후부터 영주나 도시 관청에서 수도원 출신이 아닌 글 쓰는 일꾼들을 채용할 정도였죠. 15세기에는 글 쓰는 일을 직업으로 가진 사람의 수가 상당했고요. 궁정 서기장의 지휘 아래 글쓰기에 종사하는 전문 모임도 있었답니다.

이처럼 글쓰기는 다양한 영역으로 확장될 뿐만 아니라 사람들의 일상생활 속으로도 스며들어요. 문자를 아는 사람들이 그만큼 많아진 거죠.

학교가 생기며 문자 사용이 더욱 확대됐어요

1400년경에는 규모가 작은 사립 학교들이 설립되었어요. 학교는 일 반적으로 시 의회의 감독 아래 조직된 길드(중세 시대에 상공업자들이 만든 상호 부조적인 동업 조합)에 속한 쓰기 장인과 읽기 장인이 운영했습니다.

15세기 말 베스트셀러인 《뉘른베르크 연대기》에서 "1487년 4000명 의 소년 소녀 학생"에 대해 언급하는데 당시 교육을 받는 학생들의 수 가 상당했다는 것을 알 수 있죠. 16세기 말에는 독일 남부 도시 뉘른베 르크에 학교가 무려 75개나 있었다고 해요. 그만큼 글자를 알고자 하는 사람들이 늘어나면서 사회적으로도 교육이 확대된 것입니다.

1088년 이탈리아 볼로냐에 최초의 대학이 만들어졌어요. 여러 나라 의 선생님들과 배우고자 하는 열 망이 있는 사람들이 모여 시작했 지요. 볼로냐 다음으로 파리, 옥 스퍼드, 케임브리지, 파도바, 프 라하, 빈, 하이델베르크에서도 대학이 설립되었어요. 1500년경 에는 독일어권 나라에만 약 15 개의 대학이 있었을 정도였죠. 특히 쾰른이나 에르푸르트에서

중세 대학의 모습
문자의 확산이 대학 설립으로까지 이어졌어요.

는 도시 건립과 동시에 대학을 같이 세웠다고 해요.

만약 문자 사용이 우리나라나 동아시아처럼 귀족들의 특권이었다면 이렇게 폭넓게 확산되지는 못했을 거예요. 하지만 서양은 우리와 다르게 대학 건물을 교회나 수도원 영지 바깥에 건립하여 일반 사람들도 쉽게 넘나들 수 있게 만들었어요. 뿐만 아니라 다양한 장학금 제도로 중산층과 하층 출신 시민들의 학업을 후원했지요.

가르치는 사람들 역시 특권 의식에 사로잡힌 귀족들이 아니라 15세기 중산층에 속하는 사람들로 구성되어 평등한 분위기에서 교육이 이루어질 수 있었어요. 오히려 귀족과 도시 명문가는 15세기 말에 이르러서야 학술적 교양에 관심을 가질 정도였죠. 과거 제도를 통해 등용되는 사람들, 교육 기관 내에서 가르치고 배우는 사람들 모두 양반이었던 우리나라와는 너무도 다른 모습이지요?

이렇게 교육이 교회라는 울타리 밖으로 나가 세속화되면서 문자가 점점 깊숙이 실생활로 들어오게 됩니다. 당시 문자 사용자가 늘어난 것은 너무나 자연스러운 일이었지요. 이는 뒷날 서양 역사에서 중요한 역사적 사건이 일어나는 요인으로도 작용해요. 문자 사용 확산과 맞물려 일어난 사회 변화가 역사를 움직이기 시작한 것입니다.

문자 확산에 인쇄술의 발명이 결정적 영향을 끼쳤어요

요하네스 구텐베르크Johannes Gutenberg가 1454년경 라틴어 《성서》를 인쇄하기 전 1세기 동안 유럽은 여러 방면에서 인쇄술의 발명을 필연적으로 만들 시대적 상황이 펼쳐지고 있었습니다. 앞에서 설명한 것처럼 종이의 보급이 활발히 이루어지고 있었으며 독서 인구가 나날이 증가하고 있었죠. 글을 쓰는 사람들 역시 성직자에서 도시나 관청 등 전문 영역에 한정되지 않고 일상 영역으로 퍼져 나갔어요. 유럽은 바야흐로 '필사 문화의 황금 시대'를 보내고 있었습니다. 책에 대한 대중들의 갈증은 점점 커져만 갔어요. 종이를 이미 대량으로 생산하고 있었기 때문에 이를 활용할 수 있는 기술만 있으면 되는 상태였습니다. 한마디로 인쇄술 등장을 위한 모든 조건이 갖추어져 있었지요.

구텐베르크는 1400년 라인 강변의 도시 마인츠에서 태어났어요. 그는 당시 오직 돈을 벌겠다는 일념으로 《성서》를 대량으로 인쇄하는 방법을 찾았다고 해요. 사실 인쇄 사업은 다른 사업보다 더 많은 돈이 들어요. 종이나 양피지, 잉크 등 재료비를 미리 지출해야 하기 때문이지요. 하지만 그럼에도 구텐베르크가 인쇄술이

구텐베르크를 새긴 조각 동판화(16세기)
구텐베르크의 인쇄기 발명이
서양 역사를 바꿨어요.

라는 사업을 시작했던 것을 보면 당시 《성서》의 대량 복제가 얼마나 돈이 되는 사업이었는지 짐작할 수 있어요.

1454년경 구텐베르크는 자신이 발명한 인쇄술로 《불가타Vulgata 성서》를 제작해요. 모든 발명품이 그렇듯이 필요가 절실하면 발명은 이루어질 수밖에 없어요. 텔레비전이나 컴퓨터의 발명이 그랬던 것처럼 인쇄술의 발명은 그냥 '하늘에서 내려온 신의 선물'이 아니라, 필사 문화의 정점에 선 시대 상황이 요구했던 필연적 결과물이었습니다.

책이 대량으로 인쇄되면서 이제 많은 사람들이 손쉽게 책을 접할 수 있게 되었어요. 필사본으로 한창 수요가 증가하던 시기에 인쇄술을 발명했으니 책을 사려는 사람들의 수는 그야말로 엄청났죠. 학자들은 구텐베르크가 《성서》를 처음 인쇄한 1454년경 이후부터 1500년까지 유럽 인쇄소에서 제작된 책이 1500만~2000만 권에 이를 것으로 추측하고 있습니다. 1400년경의 유럽 총인구는 6000만 명으로 추정되는데, 인쇄된 책의 수로만 따지면 약 세 명당 한 권의 책을 읽었다는 결과가 나오지요. 당대에 책을 읽고자 하는 욕구가 얼마나 엄청났는지 알 수 있죠.

구텐베르크가 인쇄한 《불가타 성서》
구텐베르크 덕분에 많은 사람들이 라틴어로 번역된 《성서》를 쉽게 읽을 수 있게 됐어요.

문자의 확산에 결정적으로 영향을 끼친 인쇄술은 발명되고 얼마 되지 않아 전 유럽, 아니 전 세계로 퍼졌습니다. 인쇄술이 발명되고 난 뒤 15세기에는 1500만 부, 16세기에는 2억 부 이상의 책이 제작되었지요. 필사본은 14세기에 200만 부, 15세기에 500만 부 정도 만들어졌다고 하니 그 차이가 어마어마하지요? 아무리 인쇄술로 빠르게 만들 수 있었다고 하지만 그만큼 수요가 없었다면 책을 많이 만들지도 못했을 거예요. 종류로는 종교 서적이 주를 이루었습니다. 특히 《성서》가 가장 많이 인쇄되었고, 라틴어 문법서, 교리 문답서, 인문주의 서적들이 그 뒤를 이었지요.

여러분, 중국은 종이라는 편리한 수단을, 우리나라는 금속 활자 인쇄술을 서양보다 먼저 발명했어요. 그럼에도 우리가 인쇄 문화의 주도권을 서양에 넘겨줄 수밖에 없었던 이유가 무엇일까요? 동양에서는 지배층이 주도하여 진행된 위로부터의 발명, 즉 수동적 발명이었던 반면, 서양에서는 책에 대한 대중의 엄청난 요구로 일어난 능동적 발명이었다는 점이 이렇게 다른 결과를 불러온 것이랍니다. 그렇기에 서양에서는 인쇄술이 더 멀리, 더 넓게 퍼져 대중들 사이에서도 문자에 대한 욕구가 커져 갈 수 있었던 반면 우리나라와 중국에서는 제한적으로 확대될 수밖에 없었죠. 문자를 알고자 하는 아래로부터의 자발적인 움직임이 역사를 어떻게 바꿀 수 있는지 동양과 서양만 비교해 봐도 잘 알 수 있는 일이지요. 바로 다음에 설명할 종교 개혁을 통해 더 분명하게 확

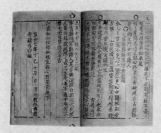
인할 수 있을 거예요.

문자가 바꿔 놓은 역사, 종교 개혁

중세 말, 교회의 부패는 날로 심해져 갔습니다. 신자들에게 돈을 받고 죄를 면제해 준다는 면벌부를 팔기까지 했지요.

사실 부패한 종교에 관해 마틴 루터Martin Luther보다 100여 년 앞서 반기를 든 사람이 있었어요. 바로 체코 보헤미아 출신의 얀 후스Jon Hus라는 성직자였죠. 프라하의 한 대학 철학과 학과장이었던 그는 오직 《성

마틴 루터의 초상(1529년)
종교 개혁을 일으킨 인물이에요.

서)만을 믿어야 한다고 주장하며 고위 성직자들의 타락을 비난했습니다. 하지만 당시 전 유럽에서 종교 개혁에 대한 요구를 모으지 못했고, 그 결과 1415년 후스는 종교 회의에 불려가 화형되고 말았죠.

그 후 1517년 독일의 조그만 도시 비텐베르크에서 루터라는 신학 교수가 로마 교회의 면벌부 판매를 비판하는 〈95개조 반박문〉을 교회 문에 붙였어요. 이 글을 읽은 사람들은 열광적으로 호응하며 그것을 인쇄소로 가져가 대량 복제하여 유포하였죠. 덕분에 많은 사람들에게 신속하고 정확하게 전달되었어요.

당시 독일을 방문한 교황청의 사절이 "독일 내 10분의 9가 루터를 열렬히 환호하고 있고, 나머지 10분의 1은 '교황청에 죽음을'이라는 구호를 외치고 있다."라고 보고할 정도였죠. 서구 역사의 대전환점이 되었던 종교 개혁은 이렇게 시작되었습니다.

후스와 루터의 결말이 달랐던 이유는 무엇일까요? 후스와 루터의 차이는 바로 인쇄술에 있었어요. 후스의 주장은 주변 몇몇 사람들이 아는 데 그쳤지만, 루터의 주장은 인쇄술의 도움으로 빠른 시간에 수많은 사람들에게 전달되었어요. 인쇄물을 통해 루터의 주장을 이해하고 동조하게 된 사람들이 그를 교황청의 권력으로부터 보호해 준 것이지요. 즉

◆ 공개적으로 로마 교회를 비판한 루터

"교황이 발행한 면벌부로 모든 벌에서
해방되고 구제된다는 것은 잘못이다.
…… 진실로 회개한 크리스트교도들은
면벌부가 없어도 벌이나 죄에서 완전히
해방된다."

－ 루터의 〈95개조 반박문〉 중에서

문자의 확산이 둘의 결말을 바꿔 놓았던 것이에요. 문자가 역사의 향방
을 바꿀 수 있다는 것을 이제 이해할 수 있나요?

문자, 역사의
톱니바퀴를 움직이다

문자의 역사는 곧 인류의 역사입니다

지중해 연안의 조그만 지역에서 사용되었던 페니키아 문자. 그 문자가 시간이 흘러 이제는 세계에서 가장 많은 사람들이 사용하는 문자가 되었어요.

당시 라틴어가 '링구아 프랑카lingua franca'인 것은 당연했어요. 링구아 프랑카란 저마다 다른 모국어를 쓰는 사람들이 서로 소통하기 위해 쓰는 제3의 언어를 말해요. 세계 공통어인 셈이지요. 라틴어가 링구아 프랑카였던 만큼 자연스레 알파벳도 널리 쓰였습니다. 인쇄술의 발전과도 맞물려 영국, 독일, 프랑스, 에스파냐 등 대부분의 서유럽 지역에서 각국의 말을 표기하는 데 쓰였어요. 각 언어들이 문자를 갖추게 된 거예요.

그 뒤부터는 유럽의 공용어로 프랑스어가 활약합니다. 루이 14세가 즉위하면서부터 프랑스가 정치·문화의 중심지가 되었기 때문이죠. 여전히 프랑스어를 기록하는 글자 알파벳이 공식 문자인 것은 두말할 필요도 없습니다. 그리고 지금 세계 공용어의 역할을 담당하고 있는 영어의 문자도 알파벳이에요. 세계 공용어 역할을 하는 언어들은 바뀌어 갔지만 알파벳은 굳건하게 그 자리를 지켜온 것이죠.

지금까지 우리는 알파벳의 기원과 그 확산을 따라가며 유럽의 거대한 역사를 만났습니다. 문자와 인간의 역사는 뗄 수 없는 관계예요. 문자가 없었다면 오늘의 우리 역시 없었겠지요. 문자가 탄생하고 널리 퍼지면서 생긴 그 힘이 역사의 톱니바퀴를 움직인 것이랍니다.

그러므로 문자의 유래는 문자만의 역사가 아니에요. 알파벳의 흔적을 쫓아가면서 종교, 인쇄술, 예술, 문화 등 거대한 흐름들을 만났잖아요. 여러분이 앞으로 만날 수많은 변화의 저변에도 문자가 있을 거예요. 우리가 문자를 시용하는 순간순간마다 새로운 이야기들과 사건들이 펼쳐지고 역사가 만들어지지요. 이렇듯 문자는 모든 것의 시작이며, 문자를 살펴본다는 것은 인류의 역사에 관심을 가지는 일이랍니다.

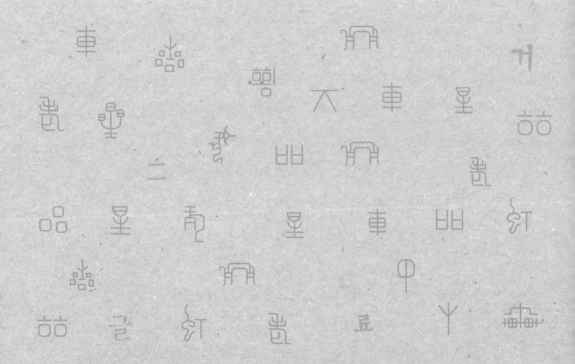

» 이전경 선생님

주시경 선생을 본받아 국어학자가 되겠다는 꿈을 안고 국문과에 입학하여 대학과 대학원에서 언어학을 공부했어요. 지금은 연세대학교 인문학연구원에서 우리 조상이 썼던 구결과 이두 및 한글이 한국 사회 및 한국 문화에 미치는 영향에 대해 연구하고 있어요. 선생님은 여러분들이 한글이 어떻게 만들어졌고 어떤 역사의 굴곡을 거쳤는지 알기 바랍니다. 더 좋은 한글로 만드는 것은 미래의 글 문화를 이끌어 나갈 여러분 손에 달려 있으니까요.

chapter
05

창제 원리와
철학이 기록된
유일한 문자, 한글

한글에 대해 여러분은
얼마만큼 알고 있나요?

한글에 대해 우리가 모르고 있는 것은 없을까요?

'한글' 하면 여러분은 무엇이 떠오르나요? 우리글이란 것? 만든 사람이 세종 대왕이란 것? 혹시 한글날? 이제 다시 휴일이 되었으니 한글과 관련해서는 가장 신이 나는 일일지도 모르겠군요. 한글이 마냥 좋지는 않지요? 몇몇 친구 말고는 글쓰기 시간을 가장 싫어할지도 모르죠. 어쩌면 세종 대왕이 원망스럽기도 할 거예요. 그래도 이 대한민국에서 살아가는 우리가 쉽게 문자를 보내고 인터넷을 검색하면서 일상생활을 하도록 해준다는 점에서 한글은 꼭 필요한 존재예요.

한글이 세상에서 훌륭한 글자이며 과학적이고 체계적이며 편리하기까지 하다는 내용을 들어 보았지요? 정말 그렇다고 생각하나요? 선생님과 어른들이 그렇게 말하니까 그렇게 생각을 한 건 아닐까요?

외국 친구에게 한글에 대해 설명한다고 생각해 보세요. 무엇을 어떻게 말해야 할까요? 여러분은 한글에 대해 무엇을 설명할 수 있나요? 이제 한글에 대해 우리가 정확히 무엇을 알고 무엇을 모르는지 한번 생각해 볼까요?

세종 대왕이 한글을 만들었다고 알고 있지만 그 분이 언제부터 구상했고 정확히 몇 월 며칠에 완성했는지에 대해서는 알려진 것이 없어요. 관련 소설이나 드라마도 여러 가지로 상상력을 발휘해 쓴 이야기일 뿐이죠. 또한 한글은 과학적인 문자라고 합니다. 어떤 특징 때문에 그렇게들 말하는 걸까요?

이 밖에도 언제부터 훈민정음은 한글이라고 불린 것인지, 다른 나라는 그렇지 않은데 왜 우리나라와 북한은 한글날을 기념하고 있는 것인지, 조선 시대에 한글처럼 멋진 문자를 만들어 놓고도 오랫동안 한자를 써온 이유는 무엇인지……. 이렇게 꼬리에 꼬리를 무는 의문에 대해 오늘도 여러 선생님들이 열심히 연구하고 있어요.

이제 우리가 몰랐던 한글의 모습을 하나하나 알아보기로 해요. 아마도 선생님이 설명해 주는 이야기를 듣고도 많은 의문이 남을 거예요. 막상 누군가가 한글에 대해 물어보면 만족스러운 대답을 하지 못할 수도 있고요. 하지만 한글을 쓸 줄만 알았지 '도대체 왜 배워야 하지?'라고 한숨을 내쉬며 이 책을 펼쳤던 여러분이 이 글 끝에서 관심이 생겨나 새로운 궁금증이 든다면 그 자체만으로도 한글을 연구하는 선생님은 기쁠 거예요.

한글을 가리키는 여러 이름에 한글이 걸어온 역사가 있어요

모든 사물에 이름이 단 하나만 있지 않은 것처럼 문자에도 여러 가지 이름이 붙을 수 있어요. 우리도 이름이 있지만 별명으로 불리는 경우가 있잖아요? "이름은 하나인데 별명은 서너 개."라는 노랫말도 있는걸요.

그런데 똑같은 사물을 가리키더라도 각각의 이름들은 그 의미가 조금씩 다를 수 있어요. 예를 들어 여러분을 엄마는 '왕자님', '공주님'이라고 호칭하는 반면, 아빠는 '꿀돼지'라고 놀리듯이 부른다고 생각해 보세요. 어머니는 굉장히 귀한 존재라는 의미로 그렇게 부르는 것이고 아버지는 여러분을 귀엽다고 여겨 그렇게 말하는 것일 테지요. 이렇게 이름이나 별명에는 그것을 지은 사람의 생각이 담겨 있어요.

한글도 여러 이름으로 불렸답니다. 그래서 한글에 대해 본격적으로 이야기하기 전에 먼저 한글이 그동안 어떤 이름들을 가지고 있었는지 살펴보아요.

한글을 처음 만들었을 때 세종 대왕은 '훈민정음訓民正音'이라고 이름 붙였어요. 줄여서 '정음'이라고도 불렀죠. '백성을 가르치는 바른 소리'라는 의미가 담긴 이름이에요. 왜 글이 아니라 소리라고 했을까요? 그건 다음 장에서 설명해 줄게요.

그런데 사실 당시에는 훈민정음보다는 '언문諺文'이라는 이름으로 더 많이 불렸어요. 언문은 '어느 지역의 글자'라는 뜻이에요. 사대주의의 입장에 서서 조선을 중국의 변방으로 생각한 사고방식에서 나온 이름이지요. 세상의 중심인 중국의 한문이야말로 보편적인 글자이고 한글은 변두리 지역의 글자로 본 것이에요. 조선이나 일본 등은 이미 오래전부터 한자를 사용했기 때문에 글자 문제에 대해서만큼은 한자의 종주국인 중국을 중심으로 생각한 거죠.

어떤 사람들은 언문에 한글을 비하하는 뜻이 있다고 생각하여 이 말을 쓰지 않으려고 합니다. 한자 '諺언문 언'에는 '상말' 또는 '속되다'라는 뜻이 있기 때문이지요. 그런데 15세기에는 그 말이 그냥 '보통'이라는 의미였어요. 지금처럼 나쁜 의미가 아니었지요. 훈민정음과 언문의 차이는 단순히 어감의 차이라고 생각하면 되어요. 여기에 '일상적', '비공식적'이라는 뜻이 덧붙여져서 학문이나 통치에 사용되는 한문보다 열등한 문자라는 의미가 생겨난 거예요.

또한 조선 시대에는 한글을 '여자들이 쓰는 글자'라는 의미의 암글이라고도 낮잡아 부르기도 했답니다. 스님이 사용하는 글자라고 해서 '중글'이라고도 하고요. 이것들이야말로 한글을 비하하려는 의도를 품고 있는 단어들이죠. 조선 시대에는 여자와 승려를 천하게 여겼기 때문에 그들이 쓰는 글자는 곧 '지식인들이 쓰기에는 좋지 않은 글자'라는 걸 의미했거든요.

한글이 국문國文, 즉 우리나라의 글이 된 것은 대한 제국 시기부터예요. 그러나 일제 강점기에 다시 국문의 지위를 일본 글자에 빼앗기고 우리 글자는 '조선글'이라고 불렸어요. 한글은 바로 이때 나온 명칭이에요. 조선글이라는 말은 '조선이란 나라의 글'이라는 뜻이니 그냥 써도 될 텐데 왜 또 한글이라는 이름을 만들었냐고요? 사실 조선글엔 부끄러운 뜻이 담겨 있답니다. 일본이라는 국가 안에 있는 조선 지방의 글이라는 의미이거든요. 그러니 독립운동을 하던 사람들에게는 얼마나

◆ 일제 강점기 때 빼앗긴 국문의 자리

일제 강점기 초기부터 소학교를 시작으로 교육 과정이 일본어에 편중되어 있었어요. 그러다가 황국 신민화 정책이 본격적으로 시작되면서 민족성을 말살시키려 하는 움직임이 강해졌습니다. '황국 신민 서사'를 외우게 할 뿐만 아니라 우리의 민족성이 담긴 한글(당시 조선글)을 표면상으로는 선택 과목으로 분류하고 많은 학교에서 가르치지 않게 유도하였지요. 그러다가 시간이 흘러 1938년 다시 한 번 총독부가 교육령을 개정하면서 조선어 과목이 완전히 폐지되고 학교 내에서 한글 사용이 전면 금지되고 맙니다.

치욕스러운 이름이었겠어요? 그래서 우리 글자를 따로 부를 만한 자랑스러운 이름을 만들었던 거예요.

'한글'은 '크다'라는 옛말 '하다'에서 온 것이라고도 하고, 또 우리 민족의 이름인 '한'과 관련짓기도 해요. 북한에서는 한글이라는 이름이 옛 삼한의 이름을 연상시킨다며 좋아하지 않아요. 삼한은 한반도 중부와 남부에 있던 나라이니까 고조선이나 고구려를 포함하지 않는다고 하여 북한의 정식 명칭인 조선민주주의인민공화국의 이름을 따서 조선글이라고 불러요. 똑같은 조선글인데 일제 강점기에는 치욕스러운 이름이었다가 이제는 북한에서 자랑스럽게 생각하는 이름이라니 이상하지요?

이처럼 우리가 살펴본 이름들에는 이제까지 한글이 걸어온 역사가 담겨 있어요. 선조들은 한글에 대해 어떤 생각을 했는지, 언문이 사실은 어떤 뜻이었는지, 한글은 어떻게 생겨난 이름인지……. 이름을 잠깐 훑어보는 것만으로도 우리는 한글의 역사를 얕게나마 살펴볼 수 있었어요.

여러분, 이제 본격적으로 한글에 관해 설명해 보려 해요. 이름만 이야기하고 지나쳤던 그 밑바탕에 우리 민족의 생각, 문화, 역사 등이 살아 숨 쉬고 있답니다. 한글을 알고자 했던 관심이 우리의 역사를 아는 출발점이 될 거예요.

백성을 가르치는
바른 소리

만든 사람을 알 수 있는 글자는 매우 드물어요

한글은 어떻게 이 세상에 나왔을까요? 세종 대왕이 뛰어난 머리로 어느 날 갑자기 세상에 내놓았을까요? 아니면 집현전의 여러 학자들과 머리를 맞대고 궁리하여 만든 것일까요? 사실 이와 관련해 우리가 볼 수 있는 기록은 《조선왕조실록》과 정인지, 신숙주 등이 쓴 글뿐이에요. 이러한 기록에서는 모두 세종 대왕이 한글을 만들었다고 해요. 어떤 사람들은 아무리 뛰어난 학자라고 해도 어떻게 혼자서 우리말에 잘 맞는 문자를 만들 수 있을까 의심해 집현전 학자들과 함께 만든 것이라고 주장하기도 해요. 왕이 만들었다고 해야 훈민정음의 정당성과 권위가 보장이 되니 그렇게 한 것이라고 해석한 것이죠.

그런데 우리나라 실록은 쉽게 의심할 기록이 아니에요. 유네스코 세계기록유산으로 등재될 만큼 세계적으로 그 가치를 인정받은 역사서이죠. 세종이 훈민정음을 만들었다고 추정하는 1443년 즈음의 일도 자세히 적혀 있어요. 이에 따르면 세종은 당시의 어떤 학자들이나 신하들보다 뛰어난 언어학자였어요. 특히 성운학에 조예가 깊었죠. 성운학은 중국어의 어음 체계, 음절 구조 등을 연구하는 학문인데, 세종이 소리글자인 한글을 만들 수 있었던 것은 바로 이 성운학을 잘 알고 있었기 때문이라고 해요. 실록에 세종이 집현전 관리들에게 자신보다 성운학을 잘 아느냐고 꾸짖는 동안 아무도 대답을 못 하는 장면이 기록되어 있을 정도죠.

문종이나 세조, 정의 공주 등 세종의 자녀들이 훈민정음 창제를 도왔다는 기록도 있어요. 왕자들이 전면에 나섰다는 것은 훈민정음 창제가 세종이 주도한 왕실 사업 중 하나였다는 걸 의미해요. 여기에 적극적으로 관여한 신숙주나 정인지조차 임금이 글자를 만들었다고 언급하고 있는데 그런 글들을 달리 해석해야 할 이유가 있을까요?

이외에도 문자를 만든 사람들이 있어요. 대표적인 사람이 영국의 언어학자 겸 소설가 존 로널드 톨킨John Ronald Reuel Tolkien이에요. 실제로 자신의 책《반지의 제왕》에 등장하는 탱과르어와 키르스 문자를 직접 만들기도 했었죠. 이 밖에도 여전히 쓰이고 있는 슬라브어권의 키릴 문자

《조선왕조실록》태백산사고본
《조선왕조실록》은 유네스코 세계기록유산으로
등재될 정도로 가치가 높은 역사서예요.

도 9세기 그리스 전도사 키릴로스Kyrillos가 고안했다고 전해져요.

그러나 그중에서 지금까지 살아 있는 문자는 정말 드물어요. 하나의 문자를 만들어 내기도 어렵지만 그것을 지키기도 만만치 않지요. 거란 문자, 여진 문자, 서하 문자는 나라가 없어지면서 쓰이지 않게 되었고, 몽골의 파스파 문자는 위글 문자에 그 지위를 내주었어요. 한자를 변형한 자남字喃이란 문자가 있었던 베트남은 프랑스의 식민지가 되면서 라틴 문자를 쓰게 되었지요. 우리도 35년 동안이나 일제의 지배를 받았으니 한글을 살리려는 노력이 없었다면 지금 일본 글자를 쓰고 있을지도 몰라요.

한글처럼 만든 사람을 알 수 있는 글자는 매우 드물답니다. 세종이 어떠한 과정으로 한글을 만들었는지는 자세히 알려진 것이 없어요. 다만 《세종실록》에 실린 세종 25년 12월 30일 기사에 "이달에 임금이 친히 언문 28자를 지었는데, 그 글자가 옛 전자를 모방하고 …… 이를 훈민정음이라고 일렀다."라고 기록되어 있을 뿐이죠. 이를 근거로 1443년 12월에서 1444년 1월 사이에 한글이 완성되었다고 추정하지요.

세종 28년 9월 기사에도 "훈민정음이 완성되었다."라는 내용이 나와요. 이때의 훈민정음은 책《훈민정음》을 가리켜요. 한글의 설명서 같은 책이지요. 이《훈민정음》은《훈민정음해례본》이라고도 하며, 현재 두 종류가 알려져 있어요. 우리 모두 한번은 들어 본 "나랏말씀이 듕귁中 國에 달아"로 시작하는 책이에요. 하나는 1940년에 발견되어 서울 성북동에 있는 간송 박물관이 소장하고 있는 것으로, 우리나라의 국보 제70호이면서 유네스코 세계기록유산으로 등재되어 있어요. 글자의 창제 원리와 그 운용 방법 등을 이렇게 완벽하게 기록한 책은 세계 어디에서도 찾아볼 수 없답니다. 또 하나는 2008년에 발견되었지만 소유권과 관련한 분쟁 때문에 연구가 앞으로 나아가지 못하고 있지요.

이 두 책은 모두 한문으로 쓰여 있어요. 기껏 한글을 만들어 놓고서는 왜 어려운 한문으로 쓴 걸까요? 당시 사람들이 읽을 수 있었던 글자는 한자뿐이었기 때문이에요. 즉 사람들은 한문으로 설명을 들어야 이해할 수 있었죠.

이 밖에도 사람들에게 한글을 알리기 위해 왕실에서는 다양한 노력을 했어요.《용비어천가》와《석보상절》같은 책엔 우리말로 된 작품을 실었고, 여러 사람들에게 한글의 사용법을 알리기 위해 만든 간략한《훈민정음예의본》을《월인석보》라는 책에 붙여 펴내기도 했어요. 이 책들 모두 한문을 한글로 번역하여 읽기만 하면 쉽게 한글을 깨우칠 수 있게 만들었지요.

처음 훈민정음을 만들었다고 추정되는 해가 앞에서 이야기한 것처럼

1443년에서 1444년 사이예요. 《훈민정음해례본》이 나온 때는 1446년이니 해설서를 만드는 데에만 2~3년이 걸린 것이지요.

사실 훈민정음은 10년도 더 지나서야 널리 알려집니다. 너무 오랜 시간이 걸린다고 왕실에서 포기했더라면 우리는 지금 한글을 마주하

◆ 훈민정음을 전파하기 위한 책들

《용비어천가》: 1445년에 편찬된, 훈민정음으로 쓴 최초의 작품이에요. 조선을 세우기까지 노력했던 세종의 선조들인 목조, 익조, 도조, 환조, 태조, 태종의 공적을 기리어 지은 노래랍니다. 각 책에는 우리말 노래를 먼저 신고 이를 한문으로 번역한 시를 뒤에 붙였어요.

《석보상절》: 수양 대군(세조)이 세종의 명에 따라 소헌 왕후(세종의 비)의 명복을 빌기 위해 쓴 책으로 1447년에 완성되었어요. 한글로 풀이한 석가모니의 일대기로, 조선 초기의 언어 연구에 귀중한 자료로 꼽히는 책이에요.

《월인석보》: 세종 시절 석가모니의 공덕을 찬양하여 지은 노래를 실은 책 《월인천강지곡》과 《석보상절》을 합하여 1459년에 간행한 책이랍니다.

"나랏말이 중국과 달라 문자가 서로 맞지 않으므로 어리석은 백성이 말하고자 하는 바가 있어도 그 뜻을 능히 펴지 못하는 사람이 많으니라. 내가 이를 위하여 새로 스물여덟 자를 만드니, 사람마다 쉽게 익혀 날로 씀에 편안하게 할 따름이니라."

– 《훈민정음》 세종 대왕 서문

지 못하고 있을지도 몰라요. 그러니 하나의 문자가 퍼지고 지금까지 쓰이기 위해선 각고의 노력이 필요했다는 점을 우리는 알아야 해요. 이를 당시 조선의 왕실에서 잘해 주었던 것이죠.

백성을 가르치는 바른 소리란 어떤 의미일까요?

세종은 새 글자의 이름을 왜 '훈민정음'이라고 지었을까요? 단순히 말소리를 표기하는 소리글자이기 때문인 걸까요? 여기에는 선조의 문자관, 유교 이념, 국제 정세 등이 복잡하게 관련되어 있답니다.

당시에는 문자라면 모름지기 한자처럼 '모양形'과 '소리音', '뜻義', 이 세 가지 요소를 갖추어야 한다고 생각했어요. 한자 '天'만 보아도 '天'이라는 모양과 '하늘'이라는 뜻, '천'이라는 소리를 가지고 있지요. 그런데 우리말 'ㄱ'이나 영어의 'a'는 글자의 모양과 소리만 나타내잖아요? 이렇게 음만을 표기하는 글자(소리글자)는 문자로 취급을 받지 못했어요.

그래서 새 문자의 이름은 글자를 나타내는 문文 또는 자字를 사용한 '훈민정음訓民正文'이나 '훈민정자訓民正字'가 아니라 소리를 뜻하는 음音을 사용하여 '훈민정음'이라고 하는 거예요. 15세기경에 '正音'은 '한자의 바른 음', 또는 '음을 바로잡는다.'라는 의미였어요. 따라서 '훈민정음'은 '백성을 가르치는 바른 소리'라는 뜻과 '백성을 가르쳐 소리를 바로 고친다.'라는 의미 둘 다를 나타내지요. 어느 쪽이든 '바른 소리'라는 것을 매우 중요하게 생각했다는 것을 알 수 있어요.

바른 소리란 과연 무엇이었을까요? 어떤 학자는 한자음 문제라고 말해요. 당시에는 한자음이 중요한 문제였어요. 중국과의 외교에서 올바른 발음을 해야만 교섭을 잘 이끌 수 있었거든요. 고려 말에 명나라가 건국을 하자 이색李穡이 사신으로 갔어요. 정몽주, 정도전, 길재 등을 제자로 길러 낸 고려 후기의 명망 높은 학자이자 문신이었죠. 그런 그의 중국어 발음을 듣고 명나라 황제가 북방 오랑캐의 발음이라고 비난했대요. 당연히 이색은 기분이 나빴겠지요. 당시 영향력이 강력했던 원나라식 발음에 맞춰 열심히 공부한 대학자였거든요. 지금으로 치면 영국식 영어를 잘하는 외교관이 미국에 가서 발음이 이상하다고 놀림을 받은 경우예요.

처음 나라를 세울 때 발음은 아주 중요한 문제였어요. 중국은 건국 기틀을 마련할 때 문서 양식과 발음 사전을 다시 만들어 반포해요. 그 영향력 아래에 있는 주변 나라들은 여기에 따라야 하는 거지요. 특히 원나라를 다시 북쪽 변방으로 몰아내면서 중국의 패권을 차지하려 했던 명나라로선 원나라식 발음을 구사하는 고려의 사신을 보고 '고려가 명나라를 인정하지 않는구나.' 하고 생각하기 쉽겠죠? 명나라는 중국 남쪽에서 일어난 나라라 북쪽의 원나라와는 발음이 많이 달랐어요. 우리나라도 지역 방언이 다 다르잖아요? 그러니 중국에 새로운 나라가 세워질 때마다 우리는 발음을 고민해야 했어요. 게다가 우리 한자음은 중국의 것과도 달라 어떤 것을 바른 소리로 할지 명확한 기준이 없었어요. 그러니 학문적으나 외교적으나 정확한 표기를 할 수 있는 새로운 문자를 만들자는 생각을 한 것은 어쩌면 당연한 거예요.

또 '훈민정음'이라는 이름에는 유교 국가의 정치 사상이 그대로 드러나 있어요. 백성은 '가르쳐야' 할 존재이고 정부는 틀린 것을 바로잡는 주체라는 의미를 내포하고 있기 때문이에요. 국민이 의견을 모아 직접 뽑은 국회 의원들과 대통령이 국민의 의견에 귀 기울이는 오늘날의 대한민국과는 정반대의 국가이지요.

조선은 고려를 무너뜨리고 세운 나라예요. 조선을 건국한 태조 이성계는 고려의 신하였지요. 유교적 이념에서 임금이 백성을 돌보지 않을 때에만 신하가 임금을 폐위할 수 있어요. 그렇기 때문에 조선의 왕들은 건국의 정당성을 위해 새로운 나라가 고려보다 백성을 이롭게 하며 도덕적으로도 훌륭하다는 것을 보이려고 노력했어요. 백성들을 착취하며 사리사욕을 채웠던 고려의 지배층과는 달라야 했죠.

그래서 당시 세종이 세운 업적들은 조선이라는 나라의 정당성을 강화하면서도 백성들을 위한 것이 대부분이었어요. 특히 세종이 즉위했을 때는 건국 초기의 혼란도 많이 사라져 여러 가지 제도를 정비하며 백성의 삶을 돌보는 것이 가장 필요했어요.

수많은 과학 발명과 문화가 꽃을 피웠어요. 특히 세종은 백성들을 위해 다양한 책을 출간했답니다. 《농사직설》로 농업 기술을 알려 주어 생산성을 높이고자 했으며 돈 문제로 매번 의원을 찾을 수 없는 사람들이 간단한 치료만이라도 스스로 할 수 있도록 《구급방》도 만들었어요. 《삼강행실도》엔 그림을 넣어 충, 효 사상 등을 쉽게 설명했고요.

그런데 이런 책들을 백성들이 읽지 못한다는 걸 책이 나오고 난 뒤에야 깨달았어요. 한문이 너무 어렵기 때문이지요. 양반들은 어려서부터 하루에도 몇 시간씩 한문을 공부하니 이런 책들을 읽을 수 있지만 백성들은 일을 해야 했기 때문에 공부할 시간이 없었거든요. 백성들이 읽지 못하면 제아무리 좋은 책도 무용지물이잖아요? 누구나 쉽게 배울 수 있는 글자로 책을 만든다면 많은 백성들이 《농사직설》을 읽고 농사 기술을 익히고 《구급방》을 통해서는 작은 병을 큰 병으로 키우지 않겠지요. 유교의 이념도 쉽게 익힐 수 있을 테고요. 그래서 세종은 백성들이 쉽게 배우고 발음의 문제도 해결하기 위해 세상의 모든 소리를 정확하게 적을 수 있는 글자를 만들자고 야심차게 생각한 거예요.

세종 대왕은 훈민정음 창제를 통해 안팎으로 실리를 취했어요

《조선왕조실록》에 실린 세종 26년 2월 20일 자 기사에는 우리 한글이 맞은 최초의 위기가 생생하게 그려져 있어요. 최만리, 신석조, 김문 등 당시 집현전 학자들이 한글 창제에 대해 반대 상소를 올린 거예요. 이를 갑자년에 올렸다고 하여 '갑자 상소'라고도 한답니다.

당시 집현전 내의 일부 학자들은 세종이 왕자들을 동원해 훈민정음을 만드는 것을 막아야겠다고 생각했어요. 상소의 요지는 '언문'이 학문과 정치에 도움이 되지 않는 흥밋거리일 뿐이니 제왕 수업을 하기에도 시간이 모자라는 세자까지 동원할 필요가 없다는 것이었어요. 세종은 신하들을 불러 그들의 상소 내용에 대해 왕의 권위와 언어학자로서의 논리를 적절히 섞어서 하나하나 논박했어요. 길고 긴 토론의 과정 중 세종은 이렇게 말해요.

지금의 언문은 백성을 편리하게 하려는 것이다. 너희들이 설총은 옳다고 하면서 임금이 하는 일은 그르다는 것은 무엇 때문인가?

예전에 백성들이 쉽게 글을 이해할 수 있다면 법을 몰라 억울한 일을 당하는 일도 없고, 농사도 잘 지어 풍속도 좋아질 것이라고 하고서는 이제 와서 훈민정음 창제를 반대하는 것은 모순이라고 꼬집는 대목이죠. 《훈민정음》에 정인지가 쓴 글에서도 알 수 있듯이 세종의 근본적인 목적은 백성들이 쉽게 글을 익혀서 편안하게 쓰게 하겠다는 뜻이었던 거예요.

사실 최만리 등은 훈민정음 자체에 반대했다기보다는 왕의 독단을

막으려고 했던 거예요. 한자가 아닌 다른 문자를 만든다는 것은 당시로서는 중국과 동등한 국가가 되려 한다는 의미였어요. 몽골, 거란, 여진역시 나라를 세우고 스스로 황제라고 부르며 새로운 글자를 만들었죠. 새 글자는 왕의 권위를 세운다는 의미 외에도 실질적으로 그 나라의 학문과 교육이 한자가 아닌 새로운 글자로 이루어진다는 것을 의미해요. 이는 중국의 문화적 영향에서 벗어날 수 있는 첫걸음이지요. 세종이 우리의 문자를 만든다는 것은 궁극적으로 이러한 의미였어요.

그러나 스스로 황제라고 부르기까지 한다면 안으로는 관료들의 반대와 밖으로는 중국과의 마찰을 불러일으킬 수 있었어요. 이는 건국 초기의 혼란을 완전히 마무리하지 못한 상황에서 전쟁이 일어날 수도 있는 위험한 일이었죠.

세종의 훌륭한 점은 바로 이런 것이에요. 조선의 자주권을 지키면서도 외교적으로는 유연하게 대응하여 굳이 문제를 일으키지 않고 실리만을 취했어요. 만일 세종이 최만리를 비롯한 신하들의 반대에 자신의 뜻을 굽혔다면 오늘날 우리가 이렇게 글자를 가질 수는 없었을 거예요.

★ 순수 한글로만 쓰인 작품들이 있어요

한글은 조선 후기로 갈수록 그 사용이 확산되었어요. 백성들의 점점 커지는 독서 욕구와 맞물려 많은 작품들이 한글로 쓰였어요.

(1) 《한중록》

순수 한글로만 쓰인 궁중 수필이에요. 정조의 어머니로 유명한 혜경궁 홍씨가 영조에 의해 뒤주에 갇혀 죽은 남편 사도 세자의 사건을 중심으로 자신의 일대기를 쓴 것입니다. 《인현왕후전》과 함께 궁중 문학의 대표 작품으로 꼽혀요. 역사적 가치도 높게 평가받고 있지요.

(2) 《홍길동전》

허균이 지은 소설입니다. 능력은 뛰어났지만 서자라는 신분 때문에 차별받던 홍길동이 집을 뛰쳐나와 불쌍한 사람들을 위해 활약하는 영웅담을 담아냈어요. 적서 차별, 부패 정치 등과 관련해 정부에 대항하다가 새로운 나라를 세운다는, 당시로선 굉장히 파격

《홍길동전》
19세기에 찍은 것으로 추정되는
판본이에요.

적인 사회관이 엿보이는 소설이에요.

(3) 《춘향전》

춘향전은 판소리계 소설이에요. 언제 누가 썼는지 정확히 알려져 있지 않아요. 전라남도 남원을 배경으로 펼쳐지는 양반인 이몽룡과 기생의 딸 춘향의 신분을 초월한 사랑 이야기이지요. 조선판 신데렐라 이야기라고 생각하면 되어요. 조선 후기는 부유한 중인이나 상인이 돈으로 신분을 살 수 있었을 정도로 신분 제도가 흔들렸다고 해요. 그래서 《춘향전》은 단순히 사랑 이야기라기보다는 이러한 시대 변화를 반영한 소설이랍니다.

〈판소리 춘향가〉(동초제)
판소리 춘향가를 공연하는 모습이 담긴 사진이에요.

(4) 《별주부전》

남해 용왕의 병을 치료하기 위해 토끼의 간을 가지러 육지에 온 자라 이야기예요. 《토끼전》, 《토생원전》, 《별토전》 등 다양한 이름으로 불리지요. 이 《별주부전》은 대표 판소리 다섯 마당 중 〈수궁가〉를 소설화한 것으로, 희극적인 성격이 강해요. 자라의 달콤한 유혹과 끝없는 토끼의 의심, 그리고 이어지는 토끼의 속임수를 읽어 내려갈수록 웃음이 터져 나오지요. 하지만 비판적인 의식이 굉장히 강한 소설이랍니다. 자라와 토끼의 행동을 통해 인간성의 결여를 풍자하고 시대상을 날카롭게 꼬집고 있거든요.

(5) 《심청전》

역시 순수 한글로만 쓰인 판소리계 소설이에요. 이 또한 정확한 창작 시기와 저자가 알려져 있지 않아요. 《심청전》은 정말 많은 학생들이 어릴 때부터 듣고 자라난 이야기일 거예요. 아버지 심학규의 눈을 뜨게 하려고 공양미 300석을 대가로 인당수에 뛰어든 심청이 죽지 않고 나라의 왕후가 되어 다시 돌아온다는 유명한 효녀 이야기이지요. 하지만 '효'라는 이름 아래 인신 공양을 당연시하고 있어 비판받기도 한답니다.

《심청전》
일제 시대에 간행된 것으로
추정되는 판본이에요.

한글은 어떤 원리로
만들어진 글자일까요?

전 세계에서 유일하게 탄생 기록을 가지고 있는 문자

세종 대왕은 어떤 원리로 한글을 만들었을까요? 1940년 《훈민정음 해례본》을 발견하기 전까지 사람들은 한글의 기원에 대해 여러 의견을 내놓았어요. 몽골이나 인도 문자를 본떴다는 설도 있었지요. 세종 대왕이 훈민정음을 만드는 동안 몽골의 파스파 문자나 인도 산스크리트 문자 등 주변 국가의 문자에 관한 정보를 수집했기 때문이에요. 실제로 글자 몇 개는 닮기도 했고요. 문창살을 보고 만들었다는 등의 허황된 소리를 생각하면 문자 모방설은 그나마 근거가 있는 주장이에요. 앞서 예로 든 글자들은 모두 훈민정음처럼 소리글자였거든요.

이러한 설들은《훈민정음해례본》이 발견되면서 잠잠해졌어요. 이 책의 설명에 따르면 자음의 기본자는 발음 기관을 본떠 만들었어요. 각각 이, 목구멍, 입술의 모양을 본뜬 'ㅅ', 'ㅇ', 'ㅁ'과 혀뿌리가 입천장을 막는 모습을 본뜬 'ㄱ', 혀가 윗잇몸에 닿는 모습을 본뜬 'ㄴ', 이렇게 다섯 개예요. 모음 역시 하늘(·), 땅(ㅡ), 사람(ㅣ)을 본떴어요. 과거 동양 철학에서는 하늘과 땅, 사람이 만물의 근본이라고 생각했기 때문에 그 세 가지를 본뜬 것이에요. 이 기본자들에 획을 더하거나 이들을 서로 조합하여 다른 글자들을 만들어 나간 것이 바로 한글이에요.

		기본자	가획 (획을 더함)	병서 (글자를 나란히 씀)	이체 (두 개의 원리에서 벗어나는 글자)
자음	입술 모양	ㅁ	ㅂ, ㅍ	ㅃ	ㅇ
	목구멍 모양	ㅇ	ㆆ, ㅎ	ㆀ, ㆅ	ㄹ
	이 모양	ㅅ	ㅈ, ㅊ	ㅆ, ㅉ	
	혀뿌리가 입천장을 막는 모양	ㄱ	ㅋ	ㄲ	ㅿ
	혀가 윗잇몸에 닿는 모양	ㄴ	ㄷ, ㅌ	ㄸ	
모음	기본자		하늘	땅	사람
			·	ㅡ	ㅣ
	합성	초출	ㅗ, ㅏ, ㅜ, ㅓ		
		재출	ㅛ, ㅑ, ㅠ, ㅕ		

창제 원리에 따른 자음·모음 체계표

현재 지구 상에 남아 있는 글자 중에 이처럼 창제 원리와 거기에 담긴 철학적 원리가 자세히 기록된 것은 없어요. 타이 문자나 키릴 문자처럼 작자와 만든 과정이 알려져 있는 글자들은 몇 개 있지만 훈민정음처럼 철학적 원리와 사용법, 보기 등을 자세히 기록하여 책으로 펴내기까지 한 글자는 없지요. 그래서 유네스코가 《훈민정음》을 세계기록유산으로 지정한 것이랍니다.

한글이 과학적인 글자로 인정받는 이유

몇 천 년 동안 우리 민족에게 동양 철학은 굉장히 중요한 원리였어요. 과거에는 이를 이용해 계절의 변화나 인간의 삶 등을 설명하려 했지요. 그래서 이러한 철학의 기본 원리인 음양오행설에 따라 우리말의 소리를 분류하고 글자를 만든 것이에요.

먼저 말소리를 발음이 나는 부분에 따라 '입술소리(양순음)', '혓소리(설음)', '잇소리(치음)', '어금닛소리(아음)', '목구멍소리(후음)'의 다섯 가지로 나누고(오행) 그 소리의 특징에 따라 각각 청과 탁(음양)의 정도에 따라 구분했어요. 예를 들어 우리말은 입술에서 맑지도 흐리지도 않은 소리(불청불탁)인 'ㅁ', 아주 맑은 소리(전청)인 'ㅂ', 버금 맑은 소리(차청)인 'ㅍ'이 나지요.

중국말에는 이 밖에 아주 흐린 소리(전탁)인 'ㅃ'이 있어요. 지금 'ㅃ'은 우리말 경음(된소리) 표기에 사용하지만 당시에는 중국어의 유성음(울림소리) 표기에 사용했지요. 15세기에는 우리말이 지금과는 아주 달랐거든요. 또 혀를 윗잇몸에 대면 나는 소리인 혓소리에는 맑지도 흐리지도 않은 소리ㄴ, 맑은 소리ㄷ, 버금 맑은

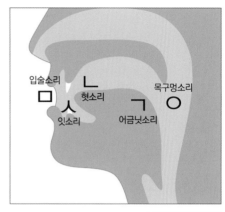

기본자의 발음 위치
각각의 기본자들이 발음되는 위치가 달라요.

소리ㅌ, 중국말에 사용하는 아주 흐린 소리ㄸ가 있지요.

여러분, 눈치챘나요? 맑지도 흐리지도 않은 소리들이 한글 자음을 만들 때에 기본자가 된다는 것을요. 아주 맑은 소리는 여기에 획을 하나 더한 것이에요. 버금 맑은 소리는 거기에 또 획을 더한 것이죠. 이것을 가획의 원리라고 해요. 가획하는 글자들은 소리가 조금씩 거칠어져요.

위에서 중국어의 유성음을 'ㅃ', 'ㄸ' 등으로 썼다고 했죠? 유성음은 소리가 부드러워요. 그러니 가획을 할 수 없었겠죠? 그래서 같은 글자를 나란히 썼어요. 이렇게 보면 말소리에 아무 글자나 가져다 쓴 것이 아니라 철저히 우리말 소리를 관찰하고 그 성질을 연구한 다음 일정한 규칙으로 글자를 만들었다는 것을 알 수 있어요.

	전청 (아주 맑은 소리)	차청 (버금 맑은 소리)	불청불탁 (맑지도 흐리지 도 않은 소리)	전탁 (아주 흐린 소리)
어금닛소리(아음)	[ㄱ]	ㅋ	ㆁ	ㄲ
혓소리(설음)	ㄷ	ㅌ	[ㄴ]	ㄸ
입술소리(양순음)	ㅂ	ㅍ	[ㅁ]	ㅃ
잇소리(치음)	[ㅅ] ㅈ	ㅊ		ㅆ, ㅉ
목구멍소리(후음)	ㆆ	ㅎ	[ㅇ]	ㆅ
반혓소리(반설음)			ㄹ	
반잇소리(반치음)			ㅿ	
자음의 개수	6자	5자	6자	6자
기본자 17자				
초성 23자				

소리 나는 원리에 따른 자음 체계표
* [ ]은 기본자예요.

　영어와 비교해 볼까요? 영어의 모음과 자음에 어떤 체계성이 있나요? a, e, i, o, u가 영어의 모음이고 b, d, v, g, z 가 영어의 유성 자음, p, t, f, k, h, s가 무성 자음인데 글자의 모양을 보면 규칙을 전혀 찾아볼 수 없어요. 비슷한 소리를 내는 글자들에 공통점이 전혀 없는 거예요. 또 b/p, d/t, v/f, g/k, z/s처럼 같은 위치에서 발음되는 유성음과 무성음 사이에서 글자 모양에 따른 일관된 차이점을 발견할 수 없어요.

　한글은 우리의 말소리를 더 정밀하게 분석해서 각 소리들 사이의 관계도 알 수 있게 했어요. 글자의 모양만으로 그 글자가 어디에서 소리가 나는지, 어떤 성질을 갖는지를 알 수 있죠. 글자들 간의 관계도 알아볼 수 있어요. 그래서 우리 한글이 언어학적으로, 그리고 과학적으로 가장 뛰어난 글자라고 하는 거예요.

일제 시대 한글을
지키기 위한 노력들

언제부터 한글이라고 불렸을까요?

이제 한글이 우리에게 어떤 의미인지 알아볼까요? 앞에서 한글의 여러 이름에 대해 이야기했지요? 거기서 미처 하지 못했던 설명을 해볼까 해요. 훈민정음은 어떻게 해서 우리의 한글이 되었을까요?

일제 강점기 전까지만 해도 우리말이나 글을 '국어', '국문'이라고 불렀어요. 국어는 사람들이 자기 나라의 언어를 가리켜 말할 때 쓰는 이름이에요. 영국 사람들에게는 영어가, 일본 사람들에게는 일어가 '국어'이죠.

그런데 일본에 주권을 빼앗기자 '국문'이란 이름은 일본의 글이 차지하고 우리말을 '조선말', '조선글'이라고 했어요. 그래서 우리말을 부를 새 이름이 필요해진 거예요. '조선말', '조선글'이라고 말할 때마다 주권을 빼앗겼다는 사실을 새삼 확인하게 되니 얼마나 슬펐겠어요?

'한글'이란 이름은 주시경 선생이 처음 지었다고 알려져 있어요. 여러분도 알다시피 주시경 선생은 우리말 연구와 한글 교육, 독립 의식 고취를 위해 많은 노력을 했지요. 후진 양성을 위해 낮에는 배재 학당, 중앙 학교, 밤에는 상동 교회 등 곳곳을 돌며 우리말 문법과 쓰기를 더 많은 학생들에게 가르치기 위해 동분서주했어요. 현대적인 의미의 우리말 연구도 주시경 선생이 시작한 거예요.

'한글'이란 말을 언제 처음 썼는지에 대해서는 여러 가지 이야기가 있어요. 주시경 선생이 1913년 국문 강습소를 세웠는데 강습소 이름이 '한글배곧', 즉 한글 배우는 곳이라는 의미였다고 해요. 또 같은 해 창간된 어린이 잡지 《아이들보이》 끝부분에도 '한글 풀이'라는 코너가 있었답니다. 현재 알려진 한글이 가장 최초로 사용된 예는 1913년 3월 23일 '배달말글몬음(배달말글모임)'이라는 학회의 명칭을 '한글모'로 바꾸기로 의결한 기록이에요. 이러한 사실들이 1913년에 이미 '한글'을 우리글의 이름으로 썼다는 증거죠.

이 모든 기록을 제치고서라도 주시경 선생이 한글

주시경
오늘날 우리가 한글을 사용할 수 있도록 노력하신 분이에요.

이라는 말을 처음 썼다고 할 수 있어요. 1910년 《보중친목회보》 제1호에 주시경 선생이 직접 글을 쓰며 '한나라글'이라는 말을 처음 사용했거든요. 여기서 '韓나라 이름 한'은 '크다'라는 의미예요. 이후로 '한글', '한말' 등의 줄인 말을 사용했고 후에 조선어학회가 한글날을 제정해서 기념하고 만든 잡지 《한글》 덕분에 오늘날 우리가 한글이란 말을 쓸 수 있게 된 것이죠.

대한 제국은 한글을 국문으로 지정했어요

한글에 대해 당시 사람들이 어떻게 생각했는지를 조금 더 이야기해 볼게요. 1900년대 들어 일본, 러시아 및 서구 열강들의 야심 때문에 우리나라의 존립이 어려울 수도 있겠다는 생각이 사람들 사이에서 만연해지고 있을 때였어요. 이미 다른 나라의 식민지가 된 베트남, 아프리카 등의 이야기가 알려지면서 사람들의 우려는 커져만 갔지요. 이에 국제적인 지위를 높이기 위한 방안으로 조선은 대한 제국임을 공표해요. 또한 한글을 나라의 '국문'으로 제정했지요. 이는 여러 공문서를 한글로 쓴다는 것을 의미해요. 물론 한자어가 섞이긴 했지만 한글을 우리나라의 공식 글자로 지정한 거예요.

대한 제국에서는 1907년 통일된 문자 체계를 위하여 지금의 교육부에 해당하는 학부 직속으로 국문 연구소를 설치했어요. 여기서 주시경, 이능화, 지석영 등 어문 문제에 관심을 가진 학자와 대신들이 모여 한 글과 표기법을 연구했지요. 이들은 한글 표기법의 기초가 될 '국문 의 정안'을 제출했는데 대한 제국이 주권을 상실하면서 무효가 되고 말았 어요. 하지만 이때 가장 열심히 활동했던 주시경 선생은 후속 연구를 계속했고, 이것이 그 제자들로 이어져 1933년 조선어 학회가 '한글 맞 춤법 통일안'을 만들었어요. 오늘날의 남북한 표기법은 모두 이것에 기 초하고 있답니다.

어떻게 표기법이 바뀌었는지 한번 살펴볼까요? '한글 맞춤법 통일 안'을 발표하기 전에는 '뿌리 깊은 나무는 바람에 아니 흔들리므로'를 '뿌리기픈나무는바라메아니흔들리므로'로 썼어요. 소리 나는 대로 붙 여 쓰다가 원형을 밝혀 띄어 쓰도록 바꾼 것이죠. 예전 표기라면 '갑시 비싸다.' '갑도비싸다.' '감만비싸다.'라 고 썼던 것을 '값이 비싸다.' '값도 비싸 다.' '값만 비싸다.'라고 적는 것이에요. 앞의 것은 소리 나는 대로 적으니 쓰 기 편해요. 그러나 읽을 때는 좀 불편하 지요. '갑'은 '상자'로, '감'은 '과일'로 잘 못 읽힐 수도 있고요. 뒤의 것은 띄어쓰 기 규칙을 알아야 하니 쓸 때 조금 불편

한글 맞춤법 통일안(1933년)
오늘날 우리가 사용하고 있는 맞춤법은
여기에서 출발했어요.

하지만 의미 전달은 정확하지요. 새로운 방식이 많은 작가들의 호응을 받아 잡지나 신문이 채택하고 한글 교육 기관도 이를 전파하기 위해 노력했어요.

지금의 한글을 있게 한 데에는 많은 노력이 있었어요

당시에는 백성들을 교육시켜야 한다는 계몽 사상이 지식인들 사이에서 퍼져 있었어요. 외국의 침략에 나라가 좌지우지되는 이유도 교육의 부족이라고 보았지요. '배워야 산다.'라는 목표 의식도 생겼어요. 그래서 많은 이들이 한문으로 쓰인 오래되고 어려운 학문만 고집하기보다는 한글을 통해 신학문을 가르치면 보통 사람들도 금세 지식을 습득할 수 있다고 생각했지요.

하지만 안타깝게도 일본이 대한 제국을 강제로 병합하면서 우리말과 글을 연구하는 일을 금지시켰어요. 1935년 중앙 고등학교에서 장지영 선생의 수업을 들었던 한 학생은 회고록에 중국어 시간에 몰래 한국어 문법을 배웠던 경험담을 풀어냈어요. 기록에는 1938년부터 한국어 수업이 폐지되었다고 하는데 교육 현장에서는 더 일찍부터 제약을 받았던 것이죠. 역사적으로 폴란드가 러시아의 통치를 받거나 프랑스의 알자스 로렌 지역이 독일에 점령당했을 때에도 교실에서 자기 나라의 말을 배울 수도, 사용할 수도 없는 일이 있었답니다.

　1942년에는 조선어 학회 사건까지 일어났어요. 일제는 한글 연구가 독립 운동과 연결된다고 생각했어요. 그래서 치안 유지법이라는 죄목으로 33명의 조선어 학회 관계자를 잡아갔고 학회를 해산시켰답니다. 이 중 12명이 감옥에 수감되었고 이윤재와 한징은 옥중에서 세상을 떠났지요. 사건 당시 조선어 학회는 사전 출판을 준비하고 있었는데 이 사건으로 중단되었어요. 재판의 증거물로 압수당해 잃어버렸던 사전 원고를 해방 후 서울역 창고에서 발견하고 나서야 《조선어 큰 사전》《우

◆ 조선어 학회

조선어 학회는 국권 피탈 전부터 한글을 연구해 온 주시경의 제자들이 중심이 되어 조직한 연구회예요. 1933년 '한글 맞춤법 통일안'을 마련하고 표준어를 제정했지요. 또 《조선어 큰 사전》을 편찬하기 위한 작업도 했지만, 일제의 방해로 성공이 늦어졌어요. 1942년에 일본이 항일 운동을 한다는 이유로 회원들을 체포하고 학회를 해산시켜 버렸습니다.

조선어 학회 회원들

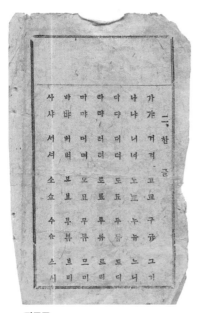

자모표
예전에 사람들이 한글을 배울 때
썼던 자모표예요.

리말 큰 사전》의 전신)이 나올 수 있었어요.
이렇게 우리의 사전은 민간단체가 정치적
인 탄압을 받으며 어렵게 만들었어요. 어
떤 국가의 언어와 글이 제대로 서려면 맞
춤법과 문법서, 사전을 갖추어야 해요. 이
들이 있어야 많은 사람들이 배우고 후대
에도 계속 전해져, 무슨 일이 있어도 쉽게
사라지지 않는 언어가 될 수 있지요. 그러
므로 우리는 이 사전을 만들어 낸 사람들
의 노고를 잊으면 안 돼요.

보통 가정에서는 체계적인 교육 없이도
'가', '갸', '거', '겨', '고', '교'라고 쓰여 있는
자모표만 있으면 한글을 익힐 수 있어요.
여러분도 어렸을 적에 집 냉장고나 벽에 자모표를 붙여 놓고 한글을 익
혔을 거예요. 그렇게 배워서 길거리 간판을 읽으면 부모님에게 칭찬을
받았던 기억이 있지 않나요? 어머니나 유치원 선생님의 지도를 받아
공책에 어머니, 아버지, 자기 이름을 써본 기억은 나지요?

오늘날 우리 모두가 이렇게 쉽게 한글을 배울 수 있는 데에는 많은
사람의 노력이 있었답니다. 우리에게는 한글을 만든 세종 대왕뿐만 아
니라 한글이 태어나서 걸어온 600년 역사 속에서 한글을 일상 깊숙이

스미도록 노력한 한 사람 한 사람이 모두 소중해요. 한글의 역사를 살펴보면 만든 것은 왕실이었지만 언제나 힘없는 일반 백성들의 글이었지요. 이제 한글의 주인은 우리예요. 그러니 한글을 어떤 모습으로 가꾸어 가는가는 전적으로 우리에게 달렸답니다.

7000만이 넘는 인구가
한글을 사용해요

한글은 우리에게 문화적 긍지를 가질 수 있게 해줘요

오늘날 남북한과 중국의 연변 자치주는 한글을 공식 문자로 사용하고 있어요. 해외 동포까지 센다면 7000만이 넘는 사람들이 한글을 사용하고 있는 거예요. 외국인들을 포함하면 그 수는 훨씬 더 많을 테고요. 한글을 자랑스러워하는 만큼 우리 스스로도 문화 국가라는 긍지를 가질 만하답니다.

우리는 10월 9일을 한글날로 지정하고 한글의 탄생을 축하하고 있어요. 그런데 북한에서는 1월 15일을 조선글날이라고 하며 기념해요. 왜 이런 차이가 있는 걸까요? 실록의 기록에 따르면 세종 25년 음력 12월에 훈민정음 28자를 만들었다고 하고 세종 28년 9월에 책《훈민정음》을 완성하여 반포했어요. 우리는 훈민정음이 반포된 날을 기념하지만 북한에서는 글자가 만들어진 날을 기념하는 것이랍니다. 또한 지금은 10월 9일이지만 이 날짜를 정하는 데에도 많은 변화를 겪었어요. 실록에 정확한 날짜가 적혀 있지 않아서이기도 하지만 지금의 달력이 여러 번 바뀌었기 때문에 정확한 날짜를 계산할 수 없었거든요.

표기법을 바꾸려는 움직임이 있었어요

한글이 지금의 모습이 되기까지에도 많은 논란이 있었어요. 소리 나는 대로 쓰자는 맞춤법 논쟁과 한자 혼용 논쟁이 대표적이에요.

소리 나는 대로 쓰자는 주장을 '표음주의'라고 하고 뜻을 알 수 있도록 원형으로 적는 것을 '표의주의'라고 해요. 표기법의 대원칙은 쓰기뿐만 아니라 읽기에도 편해야 한다는 것입니다. 우리의 표기법은 표의주의를 원칙으로 하고 있지만 어원이 불분명해진 말은 소리 나는 대로 쓰게 하고 있어요.

그런데 1954년에 '한글 파동'이라고 불리는 사건이 있었어요. 이승만 대통령이 한글 맞춤법이 너무 어렵다고 생각하여 소리 나는 대로 쓰자고 하며 표기법을 옛날로 돌리려고 한 일이에요. 이승만 대통령과 비슷한 연배의 사람들은 대한 제국 시대에 태어나서 예전 표기법이 편했을 거예요.

'표기법 정도야.' 하고 생각할지 모르지만 이를 바꾸는 것은 아주 큰 일이에요. 출판된 모든 책을 다 바꾸어야 하고 학생들을 다시 교육해야 해서 사회적 비용이 많이 드는 일이죠. 어떤 나라도 표기법을 쉽게 바꾸지 않아요. 대표적으로 영어 'knight'는 중세의 발음이라 이젠 'k'를 발음하지 않는데도 철자는 그대로잖아요?

지금도 어떤 사람들은 표음주의를 주장하고 있어요. 우리 맞춤법이 언어학자들의 지식에 맞추어져 너무 어렵다는 것이죠. 맞춤법을 어려워하는 여러분에게는 솔깃한 주장이라고 생각해요. 그런데 소리 나는 대로 쓰면 동음이의어가 생기거나 어절의 경계가 혼란스러운 경우가 생길 수도 있겠죠? 그래서 표음주의를 주장하는 사람들은 대개 한자를 사용하자고 해요. 아직도 우리말에는 한자어가 많이 남아 있기 때문에 한자를 쓰면 어절의 경계나 동음이의어의 문제는 없어질 것이라는 얘기죠.

하지만 만약 그랬더라면 우리는 독자적인 문자 문화를 가지지 못했을 거예요. 지금의 일본처럼 한자와 영어가 주를 이루고 우리말은 조사나 어미만 있는 그러한 글을 쓰게 되었겠죠. 자랑스러운 우리만의 문화도 이룩하지 못했을 거예요. 문자는 문화의 근본이니까요.

외래어를 완전히 차단할 수는 없어요

우리나라 패션 잡지에나 광고에는 이런 문장이 나와요.

다양한 패션업계<u>에서</u> 핫하게 부상<u>하고</u> <u>있는</u> 슈즈, 백, 아
웃도어 제품 등 플라워 패턴<u>을</u> 활용<u>해</u> 여심을 <u>사로잡고</u> <u>있</u>
<u>는</u> 잇 아이템

위의 문장에서 우리 고유어는 밑줄 친 부분뿐이에요. 물론 패션업계
에서 쓰는 말이라 더욱 외래어가 많아 보이지요. 아직은 우리나라 전체
글쓰기가 이렇지는 않아요. 다만 이러한 영향을 차단할 수 있는 글쓰기
교육은 평소에도 이루어져야 해요. 일본어를 쓰지 말자고 1960~1970
년대에 꾸준히 국어 순화 운동을 해왔어요. 그 결과 '다꾸앙(단무지)'이나
'벤또(도시락)'는 아주 낯선 말이 되었지요. 국어 순화 운동이 성공할 수
있었던 이유는 일본에서 정치 체제만 독립하는 것이 아니라 우리의 주
체적인 문화를 만들어야 한다는 의식이 강했기 때문이에요. 이처럼 본
연의 우리말을 잃어버리지 않으려면 우리 모두 역사 의식을 가지고 힘
써야 한답니다.

사실 우리말에 없는 단어를 빌려 쓰는 일이 잘못된 것만은 아니에요.
당장 필요한 말을 빌려 쓰는 것은 세계 곳곳에서 발생하는 일이죠. 요

즘 여러분들이 '오타쿠'나 '간지' 같은 일본 단어를 사용하고 있다고 들었어요. 걱정하는 사람도 있지만 선생님은 그 정도의 단어는 바로 옆 나라와의 문화 교류에서 오는 일시적인 유행이라고 생각해요. 내버려 두면 곧 없어질 단어들이죠.

무조건 일본말이 나쁘지만은 않아요. 언어 간의 교류가 활발히 일어나는 요즈음, 우리말로 침투해 오는 외래어를 완전히 차단할 수는 없어요. 다만 말의 뿌리가 흔들리지 않을 정도로 교육이 올바르게 이루어져야 하는 거지요.

문자는 문화를 담는 그릇이에요

문자 문화는 세계 곳곳에서 부딪히고 있어요. 발칸 반도와 동유럽에서는 키릴 문자와 라틴 문자가, 아프리카와 터키에서는 이슬람 문자와 라틴 문자가 충돌하고 있죠. 중국과 인도 사이에 있는 나라들은 한자와 인도 문자의 영향을 다 같이 받고 있고요.

이렇게 여러 문자가 겹치는 곳은 문화도 섞인답니다. 문자가 문화를 담는 그릇이기 때문이에요. 그래서 문자를 혼용하는 곳은 문화 또한 굉장히 다채롭답니다. 대신 매우 혼란스럽지요. 문자 간에 힘겨루기가 이루어져 간혹 분쟁이 일어나기도 하고요.

우리나라의 경우 한자와 한글이 그랬어요. 물론 지금의 여러분은 초등학교 수학 시간에 +, −, ×, ÷를 '더하기', '빼기', '곱하기', '나누기'라고 배울 거예요. 이들을 한자어로 뭐라고 했는지 지금은 아는 사람이 거의 없을 정도죠. 한자어가 일상생활에서 사라진 예입니다.

지금 새로운 문화가 영어라는 그릇에 담겨 우리에게 다가오고 있어요. 하지만 이 또한 우리말의 힘을 기르고 문화 역량을 강화한다면 충분히 이겨낼 수 있을 거라고 생각해요. 우리에게는 많은 이들이 지켜온 한글이 있으니까요.

★ 한글은 그 자체만으로도 아름다운 문자예요

    지금 우리의 한글은 어떤 모습으로 여러분에게 다가가고 있나요? 한글은 이제 단순히 글자로서의 기능뿐만 아니라 디자인으로도 활용되고 있어요. 이처럼 한글은 여러 분야로 뻗어 나가 우리의 문화를 풍성하게 해주고 있답니다.

〈하눔〉(엄동혜걸)

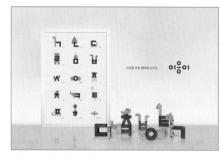

〈캐릭터 한글 블록〉(유혜림)

〈맛있는 이야기〉(김선영)

한글을 활용한 디자인 사례
이처럼 한글은 과학적으로나 미적으로나 그 가치가 매우 높답니다.

＊출처: 2015 한글 창의 아이디어 공모전 수상작, 주최(문화체육관광부)/주관(한국콘텐츠진흥원)

한글을 어떻게
가꿔 나가야 할까요?

한글은 세계로 뻗어 나가고 있어요

한글은 어떤 길을 걸어가야 할까요? 앞에서 잔뜩 한글의 뛰어난 점을 이야기했으니 이것을 세계에 자랑하고 싶지 않나요? 요즘 한글의 세계화라고 해서 여러 가지 사업이 벌여지고 있어요. 교포와 외국인에게 우리말을 가르치거나 외국 연구자의 한글 연구를 지원하는 프로그램 등이 생겼지요. 우리말을 읽고 쓸 줄 아는 사람을 늘리기 위해 세계로 나가 한글을 가르치는 '세종학당'이란 기관도 있어요. 광화문 세종 문화 회관 지하 전시장에는 〈세종 이야기〉라고 해서 한글과 관련된 상설 전시를 열어 외국인들이 쓴 한글 이름들을 전시해 놓고 있죠. 한글을 통한 체험거리들도 많고요. 이런 작은 일들을 꾸준히 하며 우리는 안팎으로 한글을 알리고 있습니다.

자칫 무리수를 두는 사람들도 있어요. 동남아시아나 인도 접경지대에서 기독교 선교 활동을 하는 한국인 중에 한글 자모를 이용해 만든 누리글을 문자가 없는 부족에게 준 사람들이 있었다고 해요. 한 20년 전에는 라후족, 찌아찌아족 같은 소수 민족에게 한글 자모로 만든 글자를 가르치는 일도 있었어요.

좋은 일인 것 같다고요? 문제는 이러한 소수 민족에게 새로운 문자의 보급이 불필요하다는 거예요. 라후족이나 찌아찌아족은 중국어나 타이어 등을 자기들 언어와 함께 사용하는 민족이라 만일 글자가 필요하다면 한자나 타이 문자를 배워야 해요. 그래야 주변국들과 교류를 할 수 있지요. 인도네시아의 찌아찌아족 역시 그들의 언어를 표현하는 데에는 인도네시아 문자를 배우는 것이 더 적절하고요. 그리고 이미 20세기 초에 그들의 언어를 적을 수 있는 적절한 표기 체계를 서구의 선교사들이 만들어 주었어요. 한글의 일방적인 세계화는 문화 침략이에요. 다른 나라의 역사나 문화가 담겨 있는 문자를 억지로 사용하게 만드는 것이니까요. 아무리 모든 말소리를 정확하게 표현할 수 있는 한글이라 해도 전혀 다른 문화권의 언어를 담아내는 데에는 적절하지 않답니다.

물론 한글은 그 우수성 덕분에 다양한 소리를 표기할 수 있어요. 글자 자획의 길이를 달리하여(ㅅ, ᄴ, ㅈ, ᅏ, ㅊ, ᅕ, ㅅ, ᄾ, ㅈ, ᅑ, ㅊ와 같이) 쉽게 새로운 소리를 낼 수도 있죠. 그래서 국제음성기호IPA를 대신할 가능성에 대한 연구가 이루어지기도 해요. 그렇다고 해서 한글을 다른 나라에 수출한다는 생각은 일본이나 독일이 자국의 언어와 문자를 점령지에 강요했던 것과 다르지 않아요. 문자의 전파는 거기에 담긴 문화와 함께 자발적으로 받아들여져야 하니까요.

우리말과 글을 잘 지켜 나가야 해요

그렇다면 우리는 한글을 위해 무엇을 노력해야 할까요? 선생님은 각자 자기가 맡은 일을 열심히 하며 한글과 관련된 활동을 찾아 나가는 것이 우리가 할 수 있는 최선의 일이라고 생각해요. 학생들은 열심히 한글을 공부하여 바르게 사용하는 것이겠죠. 선생님들은 어떻게 한글을 잘 가르칠까 궁리하고요. 작가들은 후대에 문학적으로 높은 평가를 받을 작품을 한글로 유려하게 써내는 것이 최선의 방법일 거예요. 심지어 어떤 사람은 한글의 자음이나 모음의 형상을 이용해 무용 동작을 만들어 내기도 했어요. 이 밖에도 게임 제작자, 애플리케이션 개발자, 디자이너 등 많은 사람들이 각자의 분야에서 각자만의 방법으로 한글을 빛낼 수 있어요. 한글이라는 문화 자산은 굉장히 다양한 방면으로 풍부해질 수 있답니다.

정부 기관은 어떤 노력을 하고 있을까요? 우리나라에는 국립국어원이라는 곳이 있어요. 여러 가지 국어와 관련된 정책, 조사, 연구, 교육, 홍보 등을 주관하는 기관이지요. 국립국어원의 홈페이지에서는 맞춤법을 간단하고 쉽게 검색할 수 있으며 궁금한 점을 물어볼 수도 있어요. 이 밖에도 국립국어원은 다문화 가정이나 교포, 외국인들의 한국어 교육과 일상생활 속 언어 사용에 관심을 기울이고 있답니다.

이렇게 정부가 나서는 이유는 한글이 국민이 사용하는 문자이기 때문이에요. 2005년 제정된 국어 기본법에 따라 우리나라 국민은 기본적으로 '국어를 쓸 권리'가 있어요. 정부는 국민의 국어 능력을 향상시킬 여러 방법을 도모할 의무가 있고요. 단순히 수능 언어 영역과 한국어 능력 시험 등을 잘 풀게 만드는 것만으로는 충분하지 않아요. 아무리 먼 해외에 있더라도 우리 국민이라면 누구나 우리말을 잊지 않고 언제든 사용할 수 있도록 도와야 해요. 언어 장애가 있는 사람들을 위해서는 전자책이나 오디오 북을 개발해 한글 문화를 누릴 수 있도록 하고요. 우리말이나 글로 된 문화유산을 잘 지켜 나가고 번창하게 만드는 것 또한 중요하지요.

우리에게는 이제까지 없던 세계가 열려 있어요. 오랫동안 문자는 소수의 것이었어요. 지식을 배울 수 있는 힘이면서 남을 지배할 수 있는 힘이었지요. 그런데 인터넷이나 여러 대중 매체 기기의 발달로 획기적으로 문맹률이 줄어들고 있어요. 이제 문자는 힘이 아니라 세상을 살아가는 기본 조건이 되었어요. 어떤 권력자들은 이 힘을 자기들만 가지려고 했어요. 지금도 어떤 나라의 민중들은 글을 몰라요. 문자를 알면 생각하는 힘이 생겨서 세상의 불평등과 부조리를 바꾸고자 움직일 테니 지배층이 원천부터 빼앗은 거죠.

이런 세상에서 여러분은 우리만의 문자를 가지고 있어요. 이 한글을 어떻게 사용하는지가 바로 우리의 미래가 될 거예요. 오늘날 우리는 문자로 의사소통만 하지 않아요. 문자를 가지고 놀지요. 문자를 읽고 쓰기만 해도 충분했던 시대에서 이제는 문자를 만들어 내고 변형하고 여러 가지 부호와 이모티콘으로 장식도 해요. 진정한 문자의 진화가 비로소 시작된 것이죠. 그리고 그 진화의 주역은 바로 '우리'랍니다.

•• 이 책에 사용한 그림과 사진

19p_ 수메르인의 설형 문자 ⓒMarie-Lan Nguyen | 19p_ 디필론 항아리 ⓒDurutomo

29p_ 예서대련 호고연경(김정희 作) / 삼성미술관 리움 소장 | 31p_ 컴퓨터 코드 ⓒAlmonroth | 82p_ 헨리 롤린슨 ⓒwelcome images

83p_ 선 문자 B ⓒSharon Mollerus | 120p_ 피잉시 ⓒDr. Meierhofer | 123p_ 복희여와도 / 국립중앙박물관 소장

130p_ 서로 마주 대하면 대화를 여는 門이 됩니다 / 한국방송광고진흥공사 제공 | 130p_ 등돌린 자식 / 한국방송광고진흥공사 제공

130p_ 新 나는 사상 / 부산시 사상구청 제공 | 178p_ 조선왕조실록 태백산사고본 / 국가기록원 역사기록관 소장

180p_ 훈민정음 / 간송미술관 소장 | 187p_ 홍길동전 / 국립중앙박물관 소장 | 189p_ 심청전 / 국립중앙박물관 소장

199p_ 한글 맞춤법 통일안 / 한글학회 소장

210p_ 2015 한글창의아이디어 공모전 수상작(하눔_엄동혜걸作 / 맛있는 이야기_김선영作 / 캐릭터 한글 블록_유혜림作) / 한국콘텐츠진흥원 제공

*공유저작물(Public Domain)은 따로 기재하지 않았습니다.
**이 책에 사용한 작품 중 저작권 허락을 받지 못한 일부 작품에 대해서는
　저작권자가 확인되는 대로 계약을 맺고 그에 따른 저작권료를 지불하겠습니다.